Núcleo de Dramaturgia

Núcleo de Dramaturgia
SESI – BRITISH COUNCIL

1ª TURMA • *volume 1*

SESI-SP editora

SESI-SP EDITORA

Conselho Editorial
Paulo Skaf (Presidente)
Walter Vicioni Gonçalves
Débora Cypriano Botelho
César Callegari
Neusa Mariani

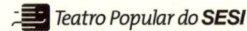 Teatro Popular do SESI

Comissão editorial
Célio Jorge Deffendi (Diretor DDC)
Debora Pinto Alves Vianna
Alexandra Salomão Miamoto

Editor
Rodrigo de Faria e Silva

Revisão
Marcatexto – Fernanda Bottallo

Capa e Projeto gráfico
Negrito Produção Editorial

Copyright © 2011 SESI-SP Editora

ISBN 978-85-65025-01-0

Dados Internacionais de Catalogação na Publicação (CIP)
(Câmara Brasileira do Livro, SP, Brasil)

Núcleo de dramaturgia SESI: British Council: 1º turma, volume 1.
-- São Paulo: SESI-SP, 2011.

Vários colaboradores.

1. Dramaturgia 2. Teatro brasileiro.

11-08952   CDD-869.92

Índices para catálogo sistemático:
1. Peças teatrais : Literatura brasileira   869.92

Novos textos para a dramaturgia brasileira

Desde 2007, o Sesi-sp e o British Council, em uma parceria entre a indústria paulista e a organização britânica de promoção educacional e cultural, têm trazido ao público brasileiro projetos e espetáculos de excelente qualidade. Por meio do Núcleo de Dramaturgia Sesi-British Council, as entidades promovem o intercâmbio de experiências visando à descoberta e ao desenvolvimento de novos dramaturgos brasileiros.

A iniciativa tem como objetivo se tornar referência para novos autores e oferece um processo de excelência voltado para o aprimoramento da escrita em dramaturgia. O projeto também estimula a criação de espetáculos que expressem novas visões de mundo, linguagens e experimentações. Realizando atividades relevantes para o desenvolvimento das artes cênicas, o Núcleo é uma excelente oportunidade de contato com a cultura contemporânea e as novas formas de expressão teatral.

Coordenados pela dramaturga e jornalista Marici Salomão, os autores participaram durante um ano de aulas, workshops, palestras e mesas redondas com profissionais brasileiros e britânicos. A primeira turma

(2008/2009) produziu 12 textos teatrais inéditos, apresentados nesta coleção.

Notas da superfície, de Felipe de Moraes, foi a primeira montagem profissional de um texto gerado no Núcleo de Dramaturgia Sesi-British Council e ficou em cartaz no Centro Cultural Fiesp – Ruth Cardoso, em São Paulo, no segundo semestre de 2009. Além dele, três textos ganharam leituras dramáticas abertas ao público: *Freak show – A sociedade do espetáculo*, de Luise Cohen; *Edifício Marisa*, de Marcello Jordan e *Entre quatro pedaços*, de Fernanda Jaber.

Este livro se soma aos diversos projetos culturais do Sesi-sp, que tem entre suas missões a difusão cultural para os mais variados públicos. Com a diversidade de temas e linguagens, trazida pelos parceiros internacionais, a entidade enriquece o seu repertório e contribui para a formação de novos profissionais e frequentadores do teatro.

Paulo Skaf
Presidente do Conselho Regional do Sesi-sp

Sumário

Notas da superfície – *Felipe de Moraes*   9

Casulo – *Eduardo Baszczyn*   85

O encontro – *Loreana Valentini*   143

A pedra da razão – *Melissa Velasco Schleich*   185

Tudo certo para dar errado – *Fernanda Jaber*   257

Notas da superfície

Felipe de Moraes

Personagens

Oscar
Moça
Vidal, o morto
Rapaz
O Zelador
Três jogadores de cartas
O Jovem
Homem
Alice
Corifeu
Ana
Coro
Mazé

Ato I

(Uma sala de velório vazia. Bem ao centro do recinto está o caixão aberto, mostrando o defunto. A decoração é simples: algumas cadeiras vazias, algumas flores e uma pequena mesa com uma garrafa térmica. Num canto da cena, parado, em pé, está o Zelador. Entra Oscar com um passo desconfiado. Depois de certa hesitação, ele decide espiar mais de perto o esquife.)

OSCAR (para o Zelador) – O senhor o conhecia?
O ZELADOR – Eu sou apenas o zelador.
OSCAR – Ah...

(Silêncio. Oscar observa pensativo o morto.)

OSCAR – Era um bom sujeito. Meio cabeça dura, mas um bom sujeito.
O ZELADOR (sem qualquer afetação) – É o que dizem de todos.

(Silêncio. Oscar continua observando o morto.)

OSCAR – Há anos não o via... é uma pena.
O ZELADOR (levantando-se) – O senhor aceita um pouco de café?

OSCAR – Aceito.

(O Zelador apanha dois copinhos de café numa térmica.)

OSCAR (ao morto) – Que bela maneira de nos encontrar.

(Ele apanha o copo das mãos do Zelador e agradece. O Zelador volta a colocar-se no canto da cena.)

OSCAR – O senhor saberia me dizer a que horas é o enterro?
O ZELADOR – No horário de sempre.
OSCAR (bebendo outro gole) – Onde estão os outros?
O ZELADOR – Até agora só chegou o senhor.

(Oscar passa a andar pela sala, depois para e mira o horizonte.)

OSCAR – É um pouco frio aqui adentro, não acha?
O ZELADOR – Acho que já me acostumei.
OSCAR (voltando-se) – Será que ninguém mais vem?
O ZELADOR – Às vezes, acontece.

(Oscar volta a andar pela sala.)

OSCAR – Você trabalha aqui há muito tempo?
O ZELADOR – Muito tempo!
OSCAR – Não deve ser fácil, lidar com isso o tempo todo...
O ZELADOR – Não é de todo ruim.

(Nova pausa.)

OSCAR – Pelo jeito você não é muito de papo?
O ZELADOR – Eu sou apenas o Zelador.

(Oscar concorda com a cabeça e volta a andar pela sala. Às suas costas, lentamente, o morto acorda, como num daqueles filmes antigos de terror. O Zelador permanece impávido).

OSCAR (assustando-se ao voltar) – Mas que merda é essa?
VIDAL, O MORTO (espanando o paletó) – Calma Oscar, você já me viu em situações piores.
OSCAR – Mas, minha Nossa Senhora! Que merda é essa?
VIDAL, O MORTO – Dá pra você parar com isso e vir aqui me ajudar?!

(Oscar acode Vidal que intenta desajeitadamente sair do esquife.)

O ZELADOR – Desculpem-me, senhores, mas esse não é um procedimento permitido.
OSCAR (confuso) – O quê?
O ZELADOR – As normas regulamentares são precisas nesse sentido: é expressamente proibido levar os defuntos para passear. Eles devem permanecer no local que lhes foi reservado.

(Oscar segura o esquife, Vidal desce ileso.)

VIDAL, O MORTO (retirando umas pétalas de flores do seu paletó) – Tenho certeza que isso se resolve.

O ZELADOR – Sinto muito, mas devo pedir-lhe que volte ao seu lugar, as normas regulamentares são...

VIDAL, O MORTO – Eu, como o defunto, sou o titular dessa merda! Só desrespeitaria as leis se tornasse a viver e, veja bem, esse não é o caso! Aliás, também tenho uma reclamação a fazer sobre o ar-condicionado, isso aqui está um gelo!

O ZELADOR (hesitando) – Bem senhor, essa é a temperatura padrão, a gerência recomenda para evitar o mau cheiro causado pelos...

VIDAL, O MORTO (enervando-se) – Evitar o quê?

O ZELADOR (recompondo-se) – Nada senhor, queira ficar a vontade. Com licença.

(O Zelador volta ao seu lugar no canto da cena e permanece ali, parado.)

VIDAL, O MORTO (animando-se) – Então, amigo, como vão as coisas?

OSCAR – Vidal, você está morto!

VIDAL, O MORTO – Mas é evidente, se não você não viria ao meu velório!

OSCAR – E você não acha que isso pode ser um problema?

VIDAL, O MORTO – Só se você eliminar todo o impossível. Mas deixemos disso... Vamos lá, me diga, como estão as coisas?

OSCAR – Vão indo... A gente vai levando a vida.

VIDAL, O MORTO – Sei, sei, quer dizer... E a Alice, como ela está?

OSCAR (com tristeza) – Nós nos separamos.

VIDAL, O MORTO – Mas como foi isso, Oscar? Vocês eram tão próximos, desde o colégio, todo mundo admirava isso que vocês tinham.

OSCAR – Eu te conheço, Vidal, não foi para falar de assuntos domésticos que você apareceu, você tem algo pra me dizer, uma revelação, um chamado do destino, eu te conheço. Você sempre foi de cheio de dedos, pois diga, o que eu preciso saber? Diga? Qual é a minha desventura?

VIDAL, O MORTO (hesitando um pouco) – Pra falar a verdade...

OSCAR (decepcionado) – Você não tem nenhuma mensagem do além-túmulo para mim?

VIDAL, O MORTO – "Por quê um corvo se parece com uma escrivaninha?"

OSCAR – Não faço a menor ideia.

VIDAL, O MORTO – Batata!

(Pausa.)

OSCAR – Posso eu então te fazer uma pergunta?

VIDAL, O MORTO – Vá em frente, Oscar.

OSCAR – Como é esse negócio aí?

VIDAL, O MORTO – Que negócio?

OSCAR – Esse negócio de morrer. Como é?

VIDAL, O MORTO (pensando um pouco) – Cada um deve morrer sua própria morte.

OSCAR – É muito justo. Bem, desculpe a curiosidade.

VIDAL, O MORTO – Não precisa se desculpar, você sempre foi um desses espíritos inquietos. Lembra do jornalzinho que você escrevia no colégio, hein? Como era mesmo o nome?

OSCAR – *A Navalha*.

VIDAL, O MORTO – Isso mesmo: *A Navalha*! Você era um provocador nato! Uma vez você escreveu que o diretor Paulo não passava de um "pernóstico". Tá lembrado? Dizem que ele foi procurar no dicionário o significado daquilo e daí decidiu se aposentar. (Exagerando na risada e nos gestos, dá um tapa nas costas de Oscar.)

OSCAR – Não se deve brincar com dicionários.

VIDAL, O MORTO (ao Zelador) – Será que poderíamos usar duas de suas cadeiras?

ZELADOR – Claro, senhor.

VIDAL, O MORTO – Agradecido.

(Vidal apanha duas cadeiras e as leva para frente do palco. Ele pede, gentilmente, a Oscar que se sente. Depois ele próprio se senta.)

VIDAL, O MORTO – Aposto que você ainda rasga o verbo por aí?

OSCAR – Que nada. Comigo aconteceu aquela velha sina de que falava o Dr. Macedinho: "No Brasil o escritor livra-se da falta de público tornando-se funcionário público".

(Risos. Pausa.)

VIDAL, O MORTO – Bom te ver Oscar, saudades. Tanto tempo sem nos falarmos! Só fico um pouco chateado por você e a Alice não terem dado certo.

OSCAR – Mas você nem ia muito com a cara da Alice mesmo, pelo menos no começo. Dizia que depois dela ter aparecido eu desistira de todos os nossos planos. Desistira, principalmente, de partir pra Nicarágua, se lembra disso?

VIDAL, O MORTO (abrindo outro sorriso) – Nós queríamos nos engajar.

OSCAR – Hoje nem dá pra acreditar que a Nicarágua já esteve na moda; agora a história é outra.

VIDAL, O MORTO – Pois é... Tem muita gente hoje usando a história como álibi.

OSCAR (mexendo nos bolsos do casaco) – Você aceita uma bolacha?

(Nesse instante o Zelador levanta-se subitamente e vem ao encontro dos dois.)

O ZELADOR – Devo alertá-los que é proibido alimentar os cadáveres, o regulamento é claro quanto a isso!

(Oscar guarda as bolachas. O Zelador volta ao seu lugar.)

OSCAR (engolindo toda a bolacha de uma vez) – Homenzinho intrigante esse!

VIDAL, O MORTO – Ele tem fome de enunciados.

(Pequena pausa.)

OSCAR (ainda mastigando) – Sabe que esses dias mesmo eu tava fuçando umas gavetas em casa e encontrei a foto daquele torneio que nós fomos vice-campeões.

VIDAL, O MORTO – Se não fosse você tomar aquele frango.

OSCAR – Eu tava com a visão encoberta! Não adianta, pra certas coisas não há perdão, nem na outra vida!

VIDAL, O MORTO – Eu me lembro bem é da gente matando aula de catecismo porque batia com o horário dos treinos. Eu me sentia meio culpado por isso, eles enchiam a cabeça da gente de bobagem. Uma vez eu mordi a hóstia na hora da comunhão e achei que tivesse matado Cristo! Entrei em pânico, tinha certeza que estava condenado ao inferno.

OSCAR – Sorte nossa que o padre Jair era fã de futebol e acabou liberando a gente.

VIDAL, O MORTO – Fanático! Ele ficou indignado quando não chamaram o Falcão em 78. Excomungou o Coutinho por conta própria.

OSCAR – Ele era chegado também numa caninha. Bastava tomar uma boa talagada para seu nariz ficar vermelho feito o de uma rena com sinusite. Depois passava horas tentando explicar pra gente da bodega o que Santo Agostinho queria dizer com sua famosa frase: "Deus, dê-me a castidade, mas não agora".

(Risos. Nesse momento uma outra figura surge no velório: um jovem de olhar pesado e roupas leves, nas mãos traz um pacote.)

VIDAL, O MORTO (levantando-se) – Mas veja só, ele veio! Vamos chegando. (Em direção ao Zelador) Traga mais uma cadeira meu caro.
O ZELADOR – Claro.
O JOVEM – Não precisa, não vou demorar.

(Vidal, o Morto se aproxima e cumprimenta o Jovem com um aperto de mãos.)

VIDAL, O MORTO – Oscar, venha até aqui, quero lhe apresentar uma pessoa.

(Oscar se levanta e vai cumprimentar o Jovem.)

OSCAR – Quem é esse, Vidal?
VIDAL, O MORTO – Esse, Oscar, é o meu assassino.
OSCAR – Ah! Como vai? Eu poderia saber como se deu o ocorrido?
VIDAL, O MORTO – Ele não gostou da cor da minha camisa, é um jovem muito sensível. Nós discutimos um pouco e ele foi embora. Daí a pouco voltou com uma arma e me deu dois tiros no peito. Hoje as pessoas não são muito de prolongar os argumentos. Não é mesmo, meu jovem?

(O Jovem concorda com a cabeça.)

OSCAR (ao Jovem) – Você acha que foi a coisa certa a fazer?

O JOVEM – Eu tinha de fazer ele.

OSCAR – E você não se arrepende?

O JOVEM – Como assim?

VIDAL, O MORTO (para Oscar) – Arrependimento? Não confunda o garoto com seus joguinhos de lógica, Oscar!

OSCAR (para Vidal) – E a polícia? Vai investigar?

VIDAL, O MORTO – A polícia acha que foi um crime por motivo fútil. Eu particularmente penso que eles também não foram muito com a cara da minha camisa.

O ZELADOR (ao Jovem) – Será que o senhor aceita um café.

(O Jovem recusa com a cabeça.)

OSCAR (ao Jovem) – Vai ficar para o enterro?

O JOVEM – Não posso... Eu vim aqui mais é pra te dar isso mesmo...

(Entrega a Vidal o pacote.)

VIDAL, O MORTO (olhando dentro do pacote) – O que é isso? Hum... Obrigado. Já está de saída?

O JOVEM (saindo) – Tenho de ir...

(Sai.)

OSCAR (depois de observar a saída do Jovem) – O que você pensa dele?
VIDAL, O MORTO (segurando o pacote) – Penso que seja um assassino.
OSCAR – E isso não lhe parece uma violência?
VIDAL, O MORTO – Evidente que sim. O assassinato é como... o *slogan* publicitário perfeito! É a melhor maneira de convencer uma pessoa de que ela só vale aquilo mesmo.

(Vidal vai dar uma olhada no seu caixão.)

OSCAR – Você já visitou seu terreno?
VIDAL, O MORTO – Vou ficar com meu pai, 2B, adulto, perpétuo. Ele possui uma belo lote na parte de baixo do parque.
OSCAR – Entendo, mas é bacana você escolher ficar com seu pai. Digamos que seja uma bela reconciliação.

(Convida Oscar para que voltem a sentar. Sentam-se.)

VIDAL, O MORTO – Exagero seu Oscar, eu nunca me dei tão mal assim com meu pai.
OSCAR – Eu sempre gostei do seu pai. Ele tirava as dentaduras e mordia nossas bochechas com as gengivas. Ergh! Era nojento! Mas de resto ele era muito divertido.

VIDAL, O MORTO – Ele era muito pilantra, isso sim. Dizia que tinha patente da Marinha pra engambelar as moças, apresentava-se como recém-chegado de terras distantes, embora nunca tenha ido além do Boqueirão. Aquele bicheira! Gastava todo o dinheiro que tinha comprando loções para o bigode.

OSCAR – Ele tinha um daqueles bigodes penteados, como não se usam mais.

VIDAL, O MORTO – Minha mãe vivia ralhando que ele gostava mais do bigode do que dela.

OSCAR – Você não lembra da música que ele cantava para provocar sua mãe, lembra?

CANTAM JUNTOS – "Vou barganhar minha muié a troco de um capadinho, sem muié eu passo bem só não passo sem toucinho."

(Risos.)

OSCAR – Era, sem dúvidas, uma grande figura seu pai!

VIDAL, O MORTO – Hei, mas você ainda não me disse como está Ana?

OSCAR (sorrindo) – Ana está bem, já está praticamente uma moça.

VIDAL, O MORTO – Dá última vez que nos vimos, ela ainda dava os primeiros passos.

OSCAR – Como ela está morando agora com a mãe, a gente também não tem se visto muito. Semana passada nós saímos juntos no fim de semana pra passear.

VIDAL, O MORTO – Quem diria, Oscar, já tá com filha grande!

OSCAR – Ela anda com aquele olhar de quem bota a culpa na gente.

VIDAL, O MORTO – É a idade. Depois ela se acostuma, todo mundo se acostuma.

(Nesse momento, o Zelador se levanta e caminha na direção dos dois.)

O ZELADOR (para Vidal) – Desculpe senhor, mas não seria hora de apressar os preparativos para... (faz um gesto longo em direção ao esquife)?
VIDAL, O MORTO – Pois bem, você tem razão. Não posso ficar aqui para o resto da morte. É hora do espetáculo começar.
O ZELADOR – O senhor gostaria de retocar a maquiagem?
VIDAL, O MORTO – Isso seria ótimo, meu caro. Vamos dar exatamente o que eles querem.
O ZELADOR – Com licença. (Sai de cena apressadamente.)
OSCAR – Se me permite, Vidal, o que exatamente eles querem?
VIDAL, O MORTO – Ora, um pouco de *pancake*.
OSCAR – Você pensa que é isso que as pessoas querem?
VIDAL, O MORTO – Mas é claro! O único motivo de uma pessoa se interessar por outra é a curiosidade. E um morto é sempre algo curioso.

(Nesse momento, Vidal se levanta e vai guardar no esquife o pacote que trazia nas mãos.)

OSCAR – Simples assim?
VIDAL, O MORTO – Oscar, eu sou apenas o cordeiro, mas você pode ser o profeta.

(Oscar sorri e também se levanta.)

OSCAR – Vou sentir muita falta dessas nossas conversas!
VIDAL, O MORTO – Você precisa se cuidar Oscar ou voltaremos a nos ver em breve. Olha só pra você, essas olheiras, essa pele amarela, você tá um trapo Oscar, seu hálito cheira a vinagre!
OSCAR – Isso vindo de um morto é bem lisonjeiro!
VIDAL, O MORTO – E vê se dá um jeito nesse seu guarda-roupa. Esse seu casaco... Pelo amor de deus Oscar, um casaco com proteção nos cotovelos? Você voltou a morar com sua mãe, não foi?
OSCAR – É, só por uns tempos...
VIDAL, O MORTO – Pelo menos não vai se alimentar apenas de pão com gema de ovo mole. Mas seja homem, Oscar, não deixe que ela escolha os seus casacos!

(O Zelador volta carregando uma pequena maleta.)

O ZELADOR – Aqui está senhor.
VIDAL, O MORTO – Excelente! Vamos logo com isso, daqui a pouco chegam as outras pessoas. (Para Oscar) Até a Ivanilde prometeu que vinha!
OSCAR – A Ivanilde do colegial? Pensei que ela tivesse se casado e ido embora para a Espanha?
VIDAL, O MORTO – Ela enviuvou, meu caro Oscar, e decidiu voltar para o Brasil. E você sabe como viúvas adoram um defunto. Não posso desapontá-la.

(Enquanto isso, o Zelador abre sua maleta e pega um pequeno bastonete. Vidal senta-se na cadeira para os retoques em seu rosto.)

VIDAL, O MORTO (vendo o bastonete) – O que é isso?
O ZELADOR – Brilho para os lábios, senhor.
VIDAL, O MORTO – Ora essa, mas não vamos exagerar. Não quero também ficar parecendo o Cauby Peixoto em meu próprio velório.
O ZELADOR – Está bem, senhor.

(O Zelador apanha um creme para o rosto e começa a passar em Vidal.)

OSCAR (olhando dentro do esquife) – É um belo modelo: confortável, bem acabado. Um clássico!
VIDAL, O MORTO – Gostou? Só fiz questão das alças cromadas.
OSCAR – E fez bem.
VIDAL, O MORTO (enquanto tem seu rosto massageado com creme pelo Zelador) – Até que isso aqui não é mal. Você é mesmo bom nisso, hein, meu caro.
O ZELADOR (ainda sério) – Obrigado, senhor.
VIDAL, O MORTO – Então Oscar, você preparou sua fala?
OSCAR – Eu deveria?
VIDAL, O MORTO – Mas é evidente! Você veio aqui para isso.
OSCAR – Eu vim? Pensei que tivesse vindo para o seu velório?

VIDAL, O MORTO – Todos sabem que você veio aqui para o seu monólogo inicial, pois gostaria de ouvi-lo. Até nosso companheiro está na expectativa de suas palavras (sinalizando para o Zelador).

O ZELADOR (parando a maquiagem e olhando para Oscar) – Estamos esperando suas palavras, senhor.

(Vidal e o Zelador esperam atentamente a fala de Vidal. A cena escurece aos poucos deixando o foco de luz apenas em Oscar que permanece sentado. Ele se volta timidamente para o público e diz...)

OSCAR (iniciando lentamente) – Eu sou o homem da superfície. Não tenho muito pra falar de mim, mesmo assim não saberia falar de outra coisa. Quando eu nasci, parecia que tudo já era só lembrança. Isso é coisa que mexe com a gente, faz você ficar desconfiado de que nascer não foi a melhor coisa que já lhe aconteceu. É como se você acordasse todo dia pela manhã depois de já passados os créditos finais. Mas não posso me queixar, as coisas nunca foram duras para mim. Eu nunca consegui entender muito bem como as pessoas conseguem sofrer tanto? Isso não significa que eu seja um insensível, um miserável. Pelo contrário, significa apenas que eu deixei de perguntas. Ninguém mais quer saber do *Livro de Jó*, gostam mesmo é dos *Provérbios*. Assim vamos levando. A noite nem todos os gatos são pardos: na verdade, nem todos os gatos são gatos. Eu me casei, tive uma filha, me separei. Não fui infeliz no casamento, não pude ir além da dor. E vamos tocando o barco... Esses dias, um sujeito no ponto de ônibus se virou de repente e me chamou de canalha. Canalha! Com entonação e tudo, estilo tragédia carioca. Pena que foi pelo motivo errado. Mas não sou do tipo que fica se queixando. Deixe estar. Da superfície se vê melhor o céu. (Pequena pausa.) É preciso ter a coragem de deixar o silêncio acontecer.

(Lentamente a luz volta a iluminar toda a cena. Vidal, agora já todo preparado, se levanta e caminha em direção ao esquife acompanhado pelo Zelador.)

VIDAL, O MORTO – Bem, meu amigo, acho que meu papel nessa tua farsa chegou ao fim.
OSCAR – Não há aqui nenhuma farsa.
VIDAL, O MORTO – Que seja, Oscar. É muito difícil ser um personagem de si mesmo. Pois me diga, como estou? Pareço digno de uma reza?
OSCAR – Eu diria que você está a elegante.
VIDAL, O MORTO – Meu gentil amigo Oscar. Venha cá, deixe-me olhar para você. (Vidal aperta firmemente a mão de Oscar e toca seu ombro com a outra mão) Eu lhe daria um bom abraço, mas você sabe, a maquiagem. Vamos lá, me ajudem aqui.

(Oscar e o Zelador ajudam Vidal a entrar no esquife.)

O ZELADOR – O senhor gostaria de mais alguns cravos?

vidal, o morto (aconchegando-se) – Não, estes aqui já são o suficiente.
oscar – Adeus Vidal, foi bom poder falar contigo.
vidal, o morto – Oscar, deixo tudo em tuas mãos. Nada de queixumes, hein! (ao Zelador) Meu caro, peço que não permitas que coloquem algodão no meu nariz, eu sou alérgico. (O Zelador concorda com a cabeça) Agora, a eternidade. Ah... Sempre quis dizer isso.

(Vidal re-falece. O Zelador apressa os últimos preparativos. Joga sobre o caixão um véu esbranquiçado que separa o defunto do ambiente.)

o zelador (a Oscar) – O senhor gostaria de mais um café?
oscar – Não, obrigado. É hora de ir pra casa.
o zelador – Não vai ficar para o enterro?
oscar – Acho que já me despedi o suficiente.

(Oscar permanece olhando o morto. O Zelador volta a arrumar o cenário para o velório, traz, por fim, uma coroa de flores.)

o zelador (ouvindo) – Deve ser o pessoal chegando.
oscar (ao Zelador) – Agradeço por tudo o que fez.
o zelador (impávido) – Não precisa agradecer senhor. É o meu trabalho.
oscar – Tá certo. É o seu trabalho.
o zelador – O senhor precisa de algo mais?

OSCAR – Não, não. Está tudo bem. Só quero olhar mais um pouquinho.

(Oscar fica parado junto ao esquife. O Zelador volta ao seu lugar no canto da cena. A luz vai baixando aos poucos. Nos estertores, pode-se vislumbrar a chegada de algumas pessoas, todas vestidas de preto, como sombras, elas se movimentam pela cena.)

Ato II

(Uma sala de estar típica, com um conjunto de sofás e alguma mobília. No alto de uma escada, martelando a parede, está Alice. O barulho é ensurdecedor. Entra Oscar, ele espera uma pausa.)

OSCAR – Olá!
ALICE – Ah... é você. (Volta a martelar.)
OSCAR – O que é que você tá fazendo aí?
ALICE – Filosofia!

(Nada de resposta. Marteladas.)

OSCAR (gritando) – Cuidado pra não acertar um cano d'água.
ALICE – Eles não passam por aqui! Mas é claro que você não saberia de uma coisa dessas... (Voltando a martelar.)
OSCAR – O quê você disse?

(Nada de resposta. Marteladas.)

ALICE – Pega aquele quadro ali pra mim, em cima do sofá.
OSCAR – Este aqui?

ALICE – É.

(Oscar dá o quadro a Alice que o pendura na parede. Depois desce da escada e o observa.)

OSCAR – O que é isso aí?
ALICE – É o Sagrado Coração.
OSCAR – E desde quando você...
ALICE – O quê?

(Oscar só faz um gesto na direção do quadro.)

ALICE (brava) – Vai implicar com o quadro também? (Pega a escada pra guardar, sai de cena com ela) Esse quadro era da minha avó, ela me deu de presente.
OSCAR – Eu nunca tinha visto...
ALICE – É porque eu tinha certeza que você ia fazer essa cara de tacho!
OSCAR (sentando no sofá) – Que troço medonho.
ALICE – Não seja desagradável... O que é que você veio fazer aqui.
OSCAR – Só resolvi dar uma passada...
ALICE – Não foi trabalhar hoje?
OSCAR – Eu saí depois do almoço.
ALICE (sai de cena novamente, como se fosse a outro cômodo da casa) – Que maravilha, hein! É por isso que os serviços públicos funcionam tão bem nesse país.
OSCAR – Eu tive um motivo, Alice, e dos mais sérios. Hoje foi o velório do Vidal. É uma pena você não ter ido.

(Alice dá de ombros.)

OSCAR (um tanto aborrecido) – Você também conhecia ele! Custava ter aparecido?
ALICE (voltando) – Não venha botar o peso da sua consciência sobre os meus ombros. Já passei dessa fase. (Parando no meio da sala, pensativa) E como é que ele estava?
OSCAR – Como é que você acha? Morto, né!
ALICE – Tá vendo, não dá pra falar com você. Não há como. Nem sei por que eu tento.

(Alice sai.)

OSCAR – Um sujeito com quem se conviveu por tantos anos, que está em boa parte das suas lembranças. Não é fácil! É como se ele guardasse um pouco de você dentro dele, percebe?

(Sem resposta. Silêncio.)

OSCAR (gritando) – Você tá ouvido o que eu tô falando?
ALICE (gritando de volta, de fora) – Eu vou passar um café, você quer? (Silêncio. Gritando de novo) Vai querer?
OSCAR – Não, obrigado.
ALICE – O quê?

(Oscar dá um grito.)

OSCAR – Não, obrigado.

(Pausa. Alice volta depois de um tempo com uma xícara nas mãos. Senta-se no outro sofá.)

ALICE – O quê é que você tava dizendo?
OSCAR – Nada, deixa pra lá. (Pausa. Alice sorve uns goles. Oscar olha o quadro) Porra, Alice, esse quadro me dá arrepios! Parece que ele se mexe. Olha lá ele, com o peito todo aberto e aquele troço dentro dele, cor de sangue, enorme, com as veias saltadas, que horror! Como é que você vai deixar um negócio desses bem no meio da sala?
ALICE – Eu acho bonito.
OSCAR – Tremendo mau gosto.
ALICE – Eu casei com você, não casei?
OSCAR – É porque eu não sabia que você tinha um quadro desses escondido debaixo da cama.

(Alice dá uma bela gargalhada. Oscar também ri. Ele aproveita o ensejo.)

OSCAR – Sempre adorei essa sua risada.
ALICE – Verdade?
OSCAR – É sério. Quando a gente começou a namorar, eu ficava em casa planejando uns gracejos só pra poder ouvir sua risada. Ela é vibrante, enche o ar de vida.
ALICE – Ah, sei! Você enterrou o defunto e veio aqui roer o osso.
OSCAR – Que isso, Alice!
ALICE – Eu te conheço de outros carnavais, Oscarito.

(Alice solta outra gargalhada, dessa vez não é acompanhada por Oscar.)

OSCAR (firme, mas não ríspido) – Você sabe que eu odeio que me chamem assim.

(Alice se levanta com a xícara e sai.)

OSCAR (falando alto) – E como estão as coisas na imobiliária?
ALICE (de fora) – O quê?
OSCAR (berrando) – No escritório... (Desistindo da frase) Será que nós não podemos ter uma conversa decente? Temos de ficar gritando dessa maneira?

(Silêncio. Oscar fica a observar o quadro. Alice volta mordiscando uma fruta pequena. Senta-se de volta no sofá.)

OSCAR – Como está o seu novo emprego na imobiliária?
ALICE (acenando positivamente com a cabeça) – Hoje foi meio chato, revisar contratos, eca! Amanhã tenho que mostrar um apartamento logo cedo, dessa parte é que eu gosto, visitar o imóvel com o cliente.
OSCAR – E como vão as vendas?
ALICE – Até que vão bem, as pessoas têm que morar em algum lugar. É aí que eu entro.
OSCAR – Dois dormitórios em troca dos seus próximos trinta anos de vida.
ALICE – Pelo menos serão trinta anos bem cobertos.
OSCAR – Cobertos de prestações.

(Os dois riem juntos. Entra Ana, ela está de uniforme e trás os livros do colégio nos braços.)

ANA – Mas eu não sabia que tinha festinha por aqui hoje?

(Oscar levanta e vai dar um longo abraço na filha.)

ALICE – Chegou mais cedo da escola, filha?
ANA (jogando os livros num canto e pulando no sofá) – As aulas foram paralisadas. Vai ter protesto dos estudantes contra o aumento do passe escolar.
OSCAR (sentando perto da filha e pondo as pernas dela em seu colo) – Uma mobilização estudantil...
ALICE – E os estudantes vão sair às ruas?
ANA – Vão caminhar em passeata até a Secretaria de Educação.
ALICE – E você não vai junto?
ANA – Eu não! Falei pra Belinha passar aqui em casa daqui a pouco pra gente ir juntas ao Boliche. Além do mais, eu nem uso passe escolar mesmo.
OSCAR – Tá certo ela, não tem nada que ficar se metendo nisso.
ALICE – Ela pelo menos poderia ir junto pra dar um apoio.
OSCAR – Isso aí é coisa de um bando de arruaceiros.
ALICE (zombando) – Mas o nosso Oscarito virou um liberal inglês!
OSCAR (vermelho de raiva) – Já disse para não me chamar assim!
ALICE – É brincadeira *mon petit*, não precisa ficar bravo. Mas é engraçado ouvir você falando desse jeito,

ou não era você que achava que os ônibus deveriam ser de graça pra todos?
ANA (botando os pés no chão e se sentando normalmente) – Papai achava o quê?
OSCAR – Muita água já rolou sob a ponte desde então, caríssima. Agora a situação é diferente, o cenário é outro.
ANA – Diferente como?
ALICE (provocativa) – Diferente como?
OSCAR – Ora, esse agora é um país muito mais sério!

(Alice cai na gargalhada, até Ana sorri levemente. Oscar permanece impávido.)

ALICE (se dirigindo ao quadro na parede) – E o senhor é testemunha!
OSCAR – Quero ver quando as pessoas começarem a perceber que as tais "vistas privilegiadas da cidade" não passam de janelas onde o sol não bate.
ALICE – Ninguém se preocupa com a paisagem antes de quitá-la.
ANA (ficando em pé) – Podem parar com isso, tão ouvindo. Nada de discussões. Não quero ouvir nem mais um pio dos dois até eu voltar.

(Ana sai de cena descalça, vai para a cozinha.)

OSCAR (depois de um longo silêncio) – Você tem um estranho jeito de ter fé nas coisas.
ALICE (olhando levemente o quadro) – Cada um se salva

do naufrágio como pode. Essa é a realidade em que vivemos, e não existe outra além dessa.

(Novo silêncio. Ana volta da cozinha com um copo de chocolate.)

ALICE – Isso é hora de tomar chocolate? Vai te encher de espinhas!
ANA (sentando-se) – Credo, mãe!
OSCAR – Cuidado que praga de mãe é fogo, hein!
ANA – Eu não tenho tendência para ter espinhas.
ALICE – Não tem tendência... Parece um economista falando essa menina! (Olha pra Oscar) Seu pai também teve sua fase vermelha.
ANA – Hã?
OSCAR – Alice!
ALICE – Tava falando da juventude, das espinhas no rosto!
OSCAR – Também nunca tive tanta espinha assim...
ALICE – Nem consciência de classe.
OSCAR – Parece que você tirou o dia pra aporrinhar?
ANA – Mãe, o que é uma classe?
OSCAR – É uma coisa que existia antigamente, como lampião a gás e ponta-esquerda.
ANA (Ana se levanta, deixando o copo em qualquer lugar) – Eu acho que vou tomar um banho, pois a Belinha logo logo deve pintar por aí. (Dirigindo-se a Oscar) Você vai jantar com a mãe hoje?
OSCAR – Na verdade, daqui a pouco eu já vou indo também.

ANA – Não gosto de deixar a mãe jantar sozinha.
ALICE – E quem disse que eu vou jantar sozinha?
ANA – Hum!
OSCAR (desenxabido) – Tá de cacho novo?
ALICE – A fila anda Oscarito! Mas não é nada disso. Hoje é dia de biriba na casa da Natália.
OSCAR – Desde quando você joga biriba?
ALICE – Desde quando eu descobri que, num jogo de biriba, a biriba é o que menos importa.

(Ana e Alice riem, Oscar apenas disfarça. Ana depara-se com o quadro.)

ANA – Nossa! Como aquilo foi parar ali?
ALICE – Eu pendurei.
ANA – Não é aquele quadro da bisa?
ALICE – Ele mesmo.
ANA – Ficou bonito.
ALICE – Não ficou? Seu pai não aprova, diz que é de mau gosto.
ANA – Por que, pai?
OSCAR – É um princípio estético que eu tenho: qualquer quadro em que um sujeito abre suas costelas pra expor as suas vísceras me parece um tanto... afetado.
ANA – Mas não é um sujeito qualquer, é nosso senhor Jesus Cristo.
OSCAR – Ainda mais ele que deveria dar o exemplo!
ALICE – Seu pai nunca foi um apreciador das artes, filha.
OSCAR – Vai me dizer que esse quadro de quermesse agora é arte?

ANA – A mãe disse que se a gente olhar bem fixo pra ele, dá pra ver o coração do Cristo batendo. (Olha fixamente o quadro) Eu nunca vi.

ALICE (olhando o quadro) – É que não é só uma questão de ver o coração batendo, a gente sente... (Alice interrompe a frase secamente, os olhos ficam parados no quadro.)

OSCAR (desviando o olhar do quadro) – Que bobagem!

ALICE (se levantando rapidamente) – Acho que já está na sua hora, Oscar.

OSCAR (também se levantando) – De fato.

(Oscar dá um abraço em Ana. Alice parece um tanto assustada.)

OSCAR (para a filha) – Nos vemos no fim de semana?

ANA – Não sei se vai dar... eu combinei de ir pro sítio da mãe da Belinha.

OSCAR – Tudo bem filha, aproveite.

ANA – A gente se vê semana que vem. Agora vou tomar meu banho. E vocês dois, podem parar com essas briguinhas.

(Ana dá um beijo no pai e sai de cena.)

ALICE – Você podia ao menos evitar essas cenas perto da menina.

OSCAR – Ela já tá bem crescidinha, não precisa ser poupada de nada.

ALICE (arrumando-lhe a gola) – Esse seu casaco, Oscar... Você é mesmo uma figura.

OSCAR (olhando o casaco com orgulho) – Eu desenterrei do meu guarda-roupas de solteiro.

ALICE – Você ainda tem aquela jaqueta forrada com vicunha?

OSCAR – Tenho sim. Você se lembra dela? Não era o máximo?

ALICE – Era ridícula. Aquilo lá nem era vicunha de verdade.

OSCAR – Como não era, só me faltava essa agora! Um primo meu me trouxe dos Andes.

ALICE – Puro grupo.

OSCAR – Meu primo, Alice!

ALICE – Oscar, todo mundo sabia, saltava aos olhos. O pessoal te via na rua e dizia: "Olha lá o cara da jaqueta de vicunha que não é de vicunha!"

OSCAR – Pois eu trago ela aqui e provo pra você que é vicunha: tá escrito lá, na etiqueta.

ALICE – Agora, depois de tanto tempo, já não adianta mais.

OSCAR – Pois eu faço questão!

ALICE – Se você insiste.

OSCAR – Todas aquelas pessoas me caluniando e você nem pra me avisar?

ALICE – Mas era imitação mesmo...

OSCAR – Vicunha! Peruana!

ALICE – Tá bom, Oscar, agora toma seu rumo.

(Oscar se encaminha para saída, mas para.)

OSCAR – Me diz uma coisa... Você já viu mesmo?

ALICE – O quê?

OSCAR – O coração dele batendo.

ALICE (sem jeito) – Por que você quer saber? Você não vai acreditar de qualquer jeito.

OSCAR – Não se trata disso! Diga, você já viu?

ALICE – Já, uma vez. No dia em que a minha avó morreu. (Pausa) Mas hoje...

OSCAR – O quê?

ALICE – Nada! Esquece! Agora vai

(Acompanha Oscar até a porta, depois volta, atravessa a cena e sai do outro lado, evitando olhar o quadro na parede.)

Ato III

(Um bar: à esquerda fica o balcão; atrás dele está Mazé, uma senhora com óculos escuros de aros grandes e um batom bem forte, que está aparentemente preparando um pouco de café. Ao fundo do balcão, vemos algumas bebidas; mais acima, um relógio que marca sempre e horas. À direita, estão três sujeitos numa mesa: dois deles jogam cartas, um colocado de frente para o outro; o terceiro, sentado de frente para a plateia, está com o tronco debruçado sobre a mesa. Os outros dois continuam a jogar por cima dele. Entra Oscar.)

os dois na mesa – Não tem mais lugar! Não tem mais lugar!
oscar – Fiquem tranquilos rapazes, eu tô fora!
os dois na mesa – Oscar! Oscar!
mazé (contente) – Olha quem chegou!

(A partir de agora passo a nomear os componentes da mesa com os números 1, 2 e 3 – este último para o sujeito debruçado sobre a mesa.)

n.º 1 – Ei, Oscar, se você está fora, como é que você entrou?
oscar – Pronto, já vai começar.
mazé – Não liga pra eles, aceita um café?

OSCAR – Não, acho que hoje eu vou de algo mais forte.
N.º 2 – É que você não conhece o café dela.

(Os dois na mesa passam a rir.)

MAZÉ – Fiquem quietos! Não me obriguem a tirar os óculos!

(Os dois cessam o riso.)

MAZÉ – Dia difícil?
OSCAR – Fui ao enterro de um velho amigo.
MAZÉ – Que triste... São coisas da vida! Quando a gente vai chegando numa certa idade começa a viver rodeado de fantasmas.
OSCAR – E o pior é que alguns deles ainda estão vivos!

(Oscar e Mazé sorriem discretamente.)

MAZÉ – Pera lá... (Ela abaixa-se para apanhar algo, volta com uma garrafa, dentro dela há algo de esquisito) Prova um gole disso aqui. Reserva especial da casa, só para emergências.

(Os dois na mesa olham desconfiados.)

OSCAR – Que diabos é isso aí dentro?
MAZÉ – É um escorpião vermelho... Pode tomar, tem gosto de cândida, mas o efeito é garantido. (Mazé serve uma dose a Oscar que a toma em dois tempos.)

OSCAR – Esse troço bate pesado!
MAZÉ – Daqui a pouco melhora, você vai ver só, esse marafo é coisa fina.

(Mazé guarda a garrafa.)

OSCAR – Onde foi que você arrumou isso aí?
MAZÉ – Meu pai que fez. O escorpião o matou, mas entes de morrer ele também matou o bicho e preparou essa cachaça com o veneno.
OSCAR – Caramba, que história!
MAZÉ – Pra você ver que não é qualquer um que tem o privilégio de experimentar a danada.
OSCAR – Eu agradeço a gentileza.
N.º 1 – Que dia do mês é hoje?
OSCAR – Deixa eu ver...
N.º 1 – Dois dias atrasado!
N.º 2 – É melhor acordá-lo.

(Os dois chacoalham o n.º 3.)

OS DOIS NA MESA – Acorde! Acorde! É a sua vez!
N.º 3 (Acordando, entre assustado e sonolento) – Eu passo!
OS DOIS NA MESA – Você não pode mais passar!
N.º 3 – Então... bati! (Ele deita as cartas na mesa.)
OS DOIS NA MESA – Droga! Ele bateu de novo!
N.º 3 – Quem dá a as cartas agora?
N.º 2 – Sou eu, passa o baralho. (Recomeçam.)
OSCAR – É incrível, toda vez que eu venho aqui, ali estão eles, do mesmo jeito, jogando cartas!

MAZÉ – Isso é porque eles não param mais de jogar.
OSCAR – Como assim?
MAZÉ – É que antes eles costumavam vir aqui todo dia, depois do expediente, pra jogar cartas. Todo dia exatamente às 6 da tarde. Aí, uma tarde dessas, o relógio daqui (aponta para o relógio atrás do balcão) parou bem às 6 horas. Os ponteiros não se mexeram mais. Então, diante disso, eles decidiram que o melhor a se fazer era simplesmente continuar jogando.
OSCAR – Quer dizer que eles não vão embora, nem nada?
MAZÉ – Não.
OSCAR – E você não liga?
MAZÉ – E eu vou fazer o quê? Com o tempo não se brinca!
OSCAR – Bem...
MAZÉ – Além do mais, eles me fazem companhia.

(Oscar se aproxima um pouco da mesa.)

OSCAR – Vocês não têm mais nada pra fazer além de ficarem aí matando o tempo.
N.º 1 – Que isso Oscar, não fale uma coisa dessas sobre ele!
N.º 2 – Deixa só ele ficar sabendo disso.

(Oscar permanece próximo à mesa, com um ar pensativo.)

OSCAR – Não sei bem se sei o que você quer dizer?
N.º 3 – Ele não quer dizer nada, ele já disse!

N.º 1 (seguindo o jogo) – Eu quero duas cartas!
MAZÉ – Andou sumido, seu Oscar?

(Oscar, ainda permanece próximo à mesa, desnorteado. Retoma, então, a conversa com Mazé, voltando para perto do balcão.)

OSCAR – É... também teve essa coisa toda da separação, da mudança de casa...

(Os outros continuam a jogar.)

MAZÉ – Foi melhor assim, Oscar, para os dois. Isso é mais que certo. Tem coisa na vida da gente que já tá escrita. Acredita em destino?
OSCAR – Destino é uma maneira da gente dizer que não se importa mais.
MAZÉ – Eu acho que a gente sempre acaba fazendo aquilo que tem de fazer.
OSCAR – Antigamente, tinham um nome para pessoas como você: otimistas!

(Os dois juntos dão risadas.)

MAZÉ – Vai brincando, vai... você vai ver só, chega uma hora em que cada um tem de decidir, tem de trilhar seu caminho.
OSCAR – Mazé: o oráculo de Ray-ban!
MAZÉ – Até que eu gostaria de te devorar!

(Na mesa, olhares desconfiados.)

OSCAR – É sempre bom falar contigo. Sabe que eu até me sinto melhor!
MAZÉ – Ah, esse marafo não falha nunca.

(O n.º 3, sonolento, vai aos poucos caindo de volta sobre a mesa.)

OSCAR – Me deu até uma fome.
MAZÉ – Deixa comigo, vou preparar um cozido pra ti, receita de família! Senta aí.

(Oscar senta-se num banquinho ao lado do balcão.)

OSCAR – Bota aquele temperinho que só você sabe.
MAZÉ – Deixa comigo!
OSCAR – É como se o ar enchesse de novo meus pulmões!
MAZÉ – Respire fundo, Oscar, isso mesmo. Vamos, ânimo! Estamos vivendo uma nova fase, um novo mundo se abre diante de nós, um mundo de novas maravilhas, de novas interfaces, um mundo onde tudo é possível.
OSCAR – Tudo é possível!
N.º 2 – Não é possível que tudo seja possível.
N.º 1 – Não mesmo. Não faz o menor sentido.
MAZÉ – O quê não faz sentido?
N.º 1 – Tudo fazer sentido, não faz sentido.
N.º 2 – Embora seja uma frase gramaticalmente correta.
N.º 1 – Isso sim, de fato.

MAZÉ – Vocês não estão entendendo nada!
N.º 2 – Ei, ele dormiu de novo!
OS DOIS NA MESA – Acorde! Acorde!
N.º 3 – Eu não estava dormindo, ouvi tudo o que vocês diziam.
N.º 2 – E então?
N.º 3 – Vocês não estão entendendo nada!
N.º 2 – Como assim?
N.º 3 – Bati!
N.º 1 – Mas que sequência é esta?
N.º 2 – Um blefe!
N.º 3 (invertendo uma das cartas da sequência) – Agora bati!
OS DOIS NA MESA – Que sortudo!

(Fora de cena, ouve-se um grande barulho de gente, algumas bombas parecem explodir. Instantes depois entram em cena dois estudantes, uma moça de mochila e um rapaz. Eles estão ofegantes, usam camisetas com *slogans* políticos e portam alguns panfletos.)

OS TRÊS NA MESA – Não tem mais lugar! Não tem mais lugar!
MOÇA – Vamos esperar um pouco aqui dentro.
RAPAZ – Mas o pessoal todo ainda tá lá!
MOÇA – Agora não dá pra voltar, tá muita confusão. Vamos aguentar um pouco por aqui. Olha só pra você!

(O rosto do rapaz está um pouco arranhado. Lá fora, o barulho vai diminuindo.)

MOÇA (dirigindo-se ao balcão) – A senhora tem um banheiro aqui.
MAZÉ – Nos fundos.
MOÇA – Será que podemos usar, é só um instante?
MAZÉ – (saindo de trás do balcão) – Claro. O que aconteceu com ele?
MOÇA – Não foi nada, só um arranhão.
RAPAZ (com ímpeto) – Como só um arranhão? Foram eles Dona, os policiais. Eles vieram pra cima da gente, com cavalo e tudo, atirando bombas, acabaram com o protesto pacífico dos estudantes.
MOÇA – Tinha um grupinho também que tava lá só pra provocar!
RAPAZ (exaltando-se) – Você vai ficar do lado deles agora? Vai dar uma de pelega?
MOÇA (respondendo no mesmo tom) – Do lado deles? Pois quem foi que organizou isso tudo? Quem é que pôs a mão na massa pra esse troço andar? Garanto que não foi você nem seu amiguinhos!
MAZÉ – Vai lavar esse rosto lá trás, meu filho, vai.

(O rapaz sai.)

MOÇA – E o pior é que o tonto se cortou sozinho, trombou com um galho seco de árvore no meio do tumulto.

(Oscar ri alto. A Moça e Mazé olham com desconfiança. Oscar para.)

MAZÉ – Pode deixar que eu vou cuidar dele.

(Ela vai até o balcão, se abaixa, e pega o marafo.)

OSCAR – O quê você vai fazer?
MAZÉ – Isso aqui é bem melhor que mertiolate, vai desinfeccionar a ferida num minuto.

(O garoto volta do banheiro.)

MAZÉ – Vem cá garoto.

(O rapaz se aproxima dela, ela pega o marafo e joga um pouco no rosto do rapaz, depois bota um pedaço de trapo em cima e segura. O garoto dá um grito.)

RAPAZ – Porra, Dona, esse troço aí queima!
MAZÉ – Calma lá, não seja reclamão, não tava até agora enfrentando os guardas. Agora toma lá.

(Mazé faz o garoto tomar um belo gole do marafo. O garoto fica até roxo. Ela também aproveita para dar um trago. Depois olha pra Oscar e diz.)

MAZÉ – Meu kit de primeiros socorros!
N.º 2 – Ei! Vocês estão atrapalhando o jogo com essa falação toda!
N.º 3 – É, dá pra falar mais baixo!
RAPAZ (nervoso) – Por acaso vocês sabem o que está acontecendo lá fora nesse exato momento? Está o

maior tumulto... A polícia entrou em choque com os estudantes!

N.º 1 – Nesse exato momento, estão acontecendo todas as coisas.

N.º 2 – Nesse exato momento, também.

N.º 3 – E nesse também... e vocês não precisam falar tão alto por conta disso.

MAZÉ – Calem a boca vocês! (Aos estudantes) Podem ficar à vontade, viu. (Voltando-se novamente para a mesa) Não me obriguem a tirar os óculos!

(Os componentes da mesa silenciam, mas se comportam ainda como se não concordassem com aquilo. Mazé volta ao fogão para preparar o cozido.)

OSCAR (para os estudantes) – Quer dizer que vocês são os militantes de hoje?

MOÇA – Somos estudantes, pertencemos ao grêmio.

OSCAR – De que partido?

MOÇA – Não temos partido nenhum, somos apenas do grêmio da escola.

OSCAR – No meu tempo, militante tinha que ter partido, ou pelo menos fazer parte de um grupo político organizado. Era preciso dar nome aos bois.

RAPAZ – Não acredito em partidos políticos, nem no sistema de representação político-partidário.

MOÇA – Eu acho que não devemos descartar a representação política como forma de...

RAPAZ (interrompendo) – Olha aí o velho discurso reformista... Acordão!

(Os dois batem boca.)

OSCAR – Gente, calma um pouco, sabe o que vocês devem fazer numa manifestação como essa? (Os estudantes ouvem em silêncio.) Mazé, solta uma cerveja aqui pra gente, vocês tomam um bocadinho, não tomam?

(O rapaz concorda.)

MOÇA – Só um copo pequeno.

(Mazé serve três copos. Oscar e o Rapaz sorvem belos goles, a Moça apenas molha os lábios.)

OSCAR (lambendo os beiços) – Vocês devem buscar apoio no povo.
RAPAZ – Sim! Porque a luta, de fato, é deles!
OSCAR – Tome mais um gole meu filho. (O Rapaz toma outro gole.) Levem o povo para as ruas e deixem o pau comer. O sangue das massas é sagrado. Não há nada que eles gostem mais do que uma bela catástrofe.

(Os dois estudantes se entreolham em silêncio.)

MAZÉ – Oscar, nessa idade discutindo política!

(A Moça toma um pequeno gole de cerveja, com dificuldade.)

RAPAZ – Desculpe senhor, mas essa ideia me parece...

OSCAR (interrompendo, depois de outro gole de cerveja) – Esqueçam o que eu disse! Não ia dar certo... Hoje em dia o povo prefere ver catástrofes pela televisão. É melhor vocês buscarem outra tática. Mazé... traz outra cerveja aqui pros nossos amigos.

MOÇA (arrumando a mochila) – Não precisa, acho que já devemos ir andando...

MAZÉ (servindo) – Que isso! Eu preparei um belo cozido para o Oscar e sobrou um pouco pra...

MOÇA – É que tem gente nos esperando...

OSCAR (interrompendo) – Seria uma ofensa recusar tão nobre cozido, meus amigos!

RAPAZ – Pior que eu tô com uma fome... Vá, eu aceito, sim.

MAZÉ – Isso, meu menino! (Mazé prepara a mesa com três pratos de cozido.)

OSCAR (para Mazé) – E não se esqueça da cerveja...

MAZÉ – É pra já... Como está o cozido? (Todos parecem aprovar.)

RAPAZ – O que é isso que nós estamos comendo?

N.º 1 – Rapaz, não misture ontologia com gastronomia.

N.º 2 – Podemos muito bem saber como é o cozido, mas nunca o que ele é.

N.º 3 – Seria muita pretensão...

N.º 2 – Muitíssima!

N.º 1 – E, nesse caso, é melhor não saber mesmo.

N.º 3 – Eu nem arriscaria.

N.º 2 – Eu também não.

MAZÉ (voltando com a cerveja) – Sempre engraçadinhos, né! (Aos estudantes) Podem se servir, não deixem sobrar nada.

(O n.º 3 volta outra vez a ficar sonolento. Nesse momento, um rumor começa a vir de fora da cena, barulho de gente cantando, depois passos fortes – tudo cada vez mais alto.)

MOÇA (parando de comer) – Estão ouvindo isso?

(Oscar e o Rapaz também param de comer.)

MAZÉ – O que será?
MOÇA – São eles! Eles estão voltando!
MAZÉ – Eles?
MOÇA – Os estudantes!
RAPAZ – A passeata recomeçou, dá pra ouvir eles cantando!
MOÇA – E agora parece maior, com mais gente!
RAPAZ – Nós precisamos ir pra lá, vamos!

(O Rapaz e a Moça rapidamente se levantam.)

MOÇA – Obrigado por tudo, mas nós temos que ir.

(Oscar também se levanta.)

MAZÉ – Não vão nem terminar o cozido?
RAPAZ – Não vai dar, obrigado!

(O Rapaz e a Moça encaminham-se para a saída.)

OSCAR (falando alto) – Esperem! (Tomando o resto do seu copo de cerveja) Eu vou com vocês!

(Os estudantes se entreolham e sorriem.)

MAZÉ – Oscar! Você... você também vai com eles?
OSCAR (colocando a mão sobre o ombro de Mazé) – Eu preciso fazer parte disso!

(O Rapaz, a Moça e Oscar saem. Lá fora, o som de vozes e passos é alto.)

MAZÉ – Pois eu bem que gostaria de também fazer parte de algo. (Aos da mesa) Vocês não querem o que sobrou do cozido?

(O n.º 1 e o n.º 2 param o jogo e permanecem estáticos, entre abismados e enojados com a proposta de Mazé. O n.º 3, cada vez mais sonolento, ameaça desabar sobre a mesa.)

MAZÉ – Ah, pros diabos vocês!

(Ela volta pro balcão levando os pratos de cozido. Logo em seguida, o n.º 3 cai dormindo sobre a mesa.)

N.º 2 – Ih, ele dormiu de novo!

N.º 1 – Devemos acordá-lo?
N.º 2 (depois de uma pausa) – Não, deixe-o aí onde está.

(Os dois recomeçam a jogar por cima do n.º 3. Escuro.)

Ato IV

(À direita da cena vemos um muro, em cima dele há uma figura, um homem, sentado frontalmente à la turca: com uma perna pra cada lado do muro. Da plateia, não se vê sua perna esquerda, ou seja, o muro está no limite dramático da cena. No fundo do palco, trevas. Entra Oscar, pela esquerda. Ele observa o homem no muro, que está com os olhos fixos noutra direção.)

OSCAR (chamando) – Psiu!

(O Homem não responde.)

OSCAR – Ei, você aí em cima? Está me ouvindo?
HOMEM – Mas é claro! Não sou surdo!
OSCAR – Então, por que não responde?
HOMEM – Pois se já respondi! (Pausa. Oscar decide recomeçar.)
OSCAR – Por que você está sozinho aí em cima?
HOMEM – Porque não tem mais ninguém comigo!

(O Homem dá uma sonora gargalhada, mas logo em seguida bota as mãos na boca em sinal de silêncio.)

HOMEM – Não devemos perturbar eles!

OSCAR – Eles quem?

HOMEM – Ora, deixe de prosa, vá dizendo logo seu nome e a sua ocupação!

OSCAR – Meu nome é Oscar.

HOMEM – Oscar? Mas que nome idiota! O que significa?

OSCAR – E nome lá deve significar alguma coisa?

HOMEM – Mas é claro que deve!

OSCAR – Sei lá! Meu pai pensou nesse nome enquanto palitava os dentes.

(Pausa. O Homem volta a olhar na outra direção.)

OSCAR – E o seu nome, qual é?

HOMEM – O meu? Eu tenho vários nomes.

OSCAR – E o que eles significam?

HOMEM – Quando uso um nome, ele significa exatamente aquilo que eu quero que ele signifique.

OSCAR – E funciona?

HOMEM – Certamente! Basta você mostrar a eles quem é que manda.

OSCAR (parecendo concordar) – Escuta, você sabe qual é o melhor caminho pra sair daqui?

HOMEM – Depende, pra onde você quer ir?

OSCAR – Eu não sei ao certo...

HOMEM – Então não importa por onde você vá.

OSCAR – Mas é que eu tenho pressa!

HOMEM – Mas que tipo de sujeito é você, Oscar?

OSCAR – Como assim?

HOMEM (gritando) – Está tentando, por acaso, bancar o herói, hein?

(Imediatamente o homem tapa a boca com as mãos. No fundo da cena, vemos uma intensa movimentação de figuras.)

OSCAR – O que está acontecendo?
HOMEM – Que droga! Nós acordamos eles!

(Vemos surgir, no fundo da cena, um coro grego.)

CORO – Ó Apolo, o mais belo nome de Delfos, que todos os males podes ver, a ti recorremos. E também a Palas Atenas, filha de Zeus, em toda sua glória, e a Diana, sua irmã, com suas tochas ardentes, a todos vós suplicamos que não deixeis que esse pobre homem esmoreça, que não permita que ele se atire em desespero ao deus das trevas.
OSCAR – Estão falando de mim?
HOMEM – Eles não podem ouvir falar em herói. Ficam doidos!
CORO – Que a desgraça que se abateu sobre ele não impeça seus feitos vindouros.
OSCAR – Desgraça?
CORO – Poderoso Zeus, afugentai para bem longe de nossa cidade esse flagelo que tanto nos castiga, que derrama o sangue de nossos filhos, que espalha gritos de pavor entre nossas mulheres; ó luminoso Zeus, soberano dos deuses, faça infinda as forças desse homem, lhe dê a vontade e a sabedoria para tão candente batalha, para que, no momento decisivo, não lhe falte à bravura indômita, mesmo

que seu corpo não suporte tamanho dilaceramento e dor.

OSCAR – Mas de que diabos eles estão falando?

HOMEM – É um velho truque. (Gritando ao coro) Dá pra parar com essa cena toda!

CORIFEU (dando um passo a frente) – Não é de bom tom interromper o coro!

HOMEM – Bando de fuxiqueiros, gente à toa, vão cuidar da vida de vocês!

(Um *frisson* de vozes percorre o coro.)

OSCAR – Vamos com calma.

CORIFEU – Oscar, estamos aqui pelo seu bem, para te ajudar.

OSCAR – Ajudar? O que vocês querem de mim, afinal?

CORO – Queremos a volta de Dionísio, o fim da dialética sofística e a erradicação completa da tirania da trama.

HOMEM – São um bando de golpistas!

CORO – Todo poder ao coro!

HOMEM – Canalhas!

CORIFEU – Você não percebe, Oscar, o papel que lhe cabe nisso tudo? Você será lembrado para todo o sempre como a última grande personagem dramática.

CORO – Salve, Oscar!

OSCAR – E o que diz o meu papel?

CORIFEU – Diz que você deve se entregar ao coro.

HOMEM – Não dê ouvidos as suas artimanhas!

CORIFEU – Pense Oscar, você será o responsável pelo renascimento do verdadeiro espírito trágico.

CORO – Evoé, Baco! Evoé, Oscar!

CORIFEU – Chega um momento na vida em que nós devemos estar além de nossas próprias expectativas.

OSCAR – Você andou conversando com a minha mãe?

CORIFEU – Imagine como seria Oscar, um palco sem limites! A eliminação do otimismo socrático, do melodrama mesquinho, do humanismo racionalista!

HOMEM – Germanismo! Germanismo!

CORIFEU – Um coro de mil anos!

CORO – Viva! Viva! Viva!

OSCAR (tomado) – Mil anos?

HOMEM – Não se deixe iludir, Oscar!

CORIFEU – Basta que você sinta o fenômeno dionisíaco tomando conta, a aniquilação da aparência, de toda a consciência.

HOMEM – Eles vão te devorar! Não permita, seja forte.

CORIFEU – O ardor irresistível!

CORO (se aproximando de Oscar) – Evoé, Oscar!

OSCAR – Eu... Eu não posso, não posso... Desculpem, mas...

HOMEM – Diga a eles, Oscar. Diga!

OSCAR – Eu sou uma pessoa sem importância coletiva...

CORO (parando) – Ó flamejante cortejo de ninfas. Baco, deus da Alegria, Diana, de douradas faces. Ó grande Zeus, senhor dos deuses, desvaneça o opróbrio indigno que nasce dos lábios desse mortal...

OSCAR – Sou apenas o Oscarito!

CORIFEU – Mas que grande bosta!

(Cai a luz sobre o coro que desaparece da cena.)

HOMEM – Ha-ha-ha! Isso mesmo! Você acabou com eles!
OSCAR (esparramando-se no chão, esgotado) – E eu devo me orgulhar disso? Olha só a minha situação, a minha insignificância!
HOMEM – Pelo contrário, você é um significante puro Oscar!

(Pausa.)

OSCAR (levantando o torso) – Você sempre fica aí em cima?
HOMEM – Evidente!
OSCAR – E não desce nunca?

(O Homem faz que não com a cabeça.)

OSCAR – E se você, por acaso, cair?
HOMEM – Não há possibilidade disso acontecer!
OSCAR – Mas, e se...
HOMEM – Se acontecesse... O Rei me prometeu!
OSCAR – O Rei?
HOMEM – Eu o conheci, pessoalmente, ele disse que se... Ele mandaria todos os seus cavalos e cavaleiros.
OSCAR – Puxa!
HOMEM (olhando pra outra direção) – Ele me prometeu, pessoalmente!
OSCAR – Mas que Rei?

HOMEM – Como que Rei? O Rei, ora essa!
OSCAR – Mas não lhe cortaram a cabeça?
HOMEM (gritando) – Mas como! Ele é o Rei! Se tivessem lhe cortado a cabeça, onde colocariam a coroa?
OSCAR – Bem...
HOMEM (gritando) – Não diga tolices!
OSCAR – Está bem, desculpe!

(Oscar se levanta e se aproxima um pouco mais do muro. Pausa.)

OSCAR – O que há além do muro?
HOMEM – O além.
OSCAR – E você nunca pensou em pular o muro? Em ir para o outro lado?
HOMEM – Que outro lado? Só existem dois lados, não existe outro lado.
OSCAR – Bem...
HOMEM – E o Rei também pediu que eu ficasse aqui.
OSCAR – Compreendo. Você sabe algo sobre o além?
HOMEM – Conheço muitos que foram pra lá.
OSCAR – E o que aconteceu com eles?
HOMEM – Tornaram-se seus próprios ecos e só ficam se ouvindo.
OSCAR – É o que acontece com todos?

(O Homem concorda com a cabeça. Pequena pausa.)

HOMEM – Eu sei que você já fez a sua escolha.
OSCAR – Sabe?

(O Homem acena novamente com a cabeça.)

OSCAR – Então não há outro jeito.
HOMEM – De qualquer forma, seria apenas outro jeito.
OSCAR – Eu devo seguir.

(Oscar faz menção de pôr os pés no muro)

HOMEM – Espere! Antes você deve me responder uma coisa?
OSCAR – O quê?
HOMEM – Por que um corvo se parece com uma escrivaninha?
OSCAR – Mas de novo isso!
HOMEM – Sabichão, hein! Está bem, agora é hora de cantarmos a sua canção.
OSCAR – Minha canção?
HOMEM (cantando a melodia do velho Finnegan.)
   Era uma vez um tal de Oscar
   Indo para algum lugar
   Pulou o muro pra chegar
   Pobre Oscar

(Oscar sobe no muro. O Homem repete a canção.)

OSCAR – É uma canção triste.
HOMEM – As canções de despedida são assim.

(Oscar olha ao longe.)

OSCAR – Então, até a vista!
HOMEM – Creio que não nos veremos de novo. E se nos vermos, creio que não o reconhecerei.
OSCAR – Por que não?
HOMEM – Sua cara é tão igual à de todo mundo.
OSCAR – Bem, então... Adeus!
HOMEM – Adeus.

(Oscar pula o muro para o outro lado. O Homem tem os olhos fixos ao longe. O Corifeu reaparece em cena.)

CORIFEU – Ele partiu?
HOMEM – Sim.
CORIFEU – Era um bom homem.
HOMEM – É o que dizem de todos.

(O Corifeu retorna para o escuro; o Homem canta novamente, com ênfase na última linha.)

HOMEM – Era uma vez um tal de Oscar
    Indo para algum lugar
    Pulou o muro pra lá chegar
    Pobre Oscar.

Ato V

(A cena é exatamente igual à primeira: uma sala de velório vazia. No centro está o caixão, ele está aberto, mas dessa vez não há ninguém nele. No mesmo lugar está o Zelador. Tempo. Entra Oscar.)

OSCAR – Que prazer reencontrá-lo!

(O Zelador se levanta e vem ao encontro de Oscar.)

ZELADOR – Finalmente o senhor chegou, já estava ficando preocupado.
OSCAR – Ah, mas que isso! Eu não faltaria numa ocasião dessas!
ZELADOR – De fato... o senhor gostaria que eu apanhasse o seu casaco?
OSCAR – Não, eu fico com ele. Esse lugar aqui é um gelo.
ZELADOR – É por causa do cheiro...
OSCAR (interrompendo) – Eu sei! Eu sei! Não precisa me dizer.
ZELADOR – Posso fazer mais alguma coisa pelo senhor? Um café?
OSCAR (aborrecendo-se) – Mas que mania! Será que hoje em dia a única coisa que as pessoas podem fa-

zer umas pelas outras é lhes oferecer um café? Passaram o dia inteiro hoje me oferecendo café!

ZELADOR – Desculpe, senhor. Talvez aceite um copo d'água?

OSCAR (dando uma palmadinha amigável no rosto do Zelador) – Deixe pra lá. É que hoje o dia não foi brincadeira. Ufa!

ZELADOR – Então, vamos lá? Daqui a pouco já vai dar o horário.

OSCAR – Vamos lá!

(O Zelador ajuda Oscar entrar no caixão.)

OSCAR – Cuidado com os arranjos!

ZELADOR – Pode deixar, senhor.

OSCAR (deitando no esquife) – Ah... até que aqui dentro não é de todo mal.

ZELADOR – Raramente há queixas, senhor. Quer que o feche, senhor?

OSCAR – Certamente que não! Quero sentir as pessoas, receber os últimos afagos.

ZELADOR – Perfeitamente. A propósito, seu amigo me pediu que lhe entregasse isso.

(O Zelador lhe entrega o pacote.)

OSCAR – Mas vejam só, o pacote... (Oscar apanha o pacote, olha rapidamente dentro dele, depois o fecha e o coloca dentro do paletó) Meu amigo, obrigado por tudo e até logo.

ZELADOR (cumprimentando Oscar) – Foi um prazer, senhor.

(Oscar falece. O Zelador volta ao seu lugar. Silêncio. Aos poucos, vão se ouvindo vozes. Depois, eles vão entrando em cena. Todos estão lá – Alice, Ana, o Rapaz estudante, a Moça estudante, Mazé, o n.º 1, o n.º 2, o n.º 3, até o Jovem assassino. Todos se reúnem às voltas do caixão de Oscar)

MAZÉ – Uma pena, ainda era tão moço.
ANA (choramingando) – Pai! (Ela passa a mão no rosto de Oscar.)
ALICE (choramingando) – Oscarito, seu idiota, morrer desse jeito! Parece que eu tava adivinhando!
RAPAZ – Desculpe, senhora, eu respeito o seu luto, mas a senhora está cometendo uma injustiça com ele. Sua morte foi uma morte digna!
ALICE – Digna? Um sujeito, dessa idade, vai tacar uma pedra na polícia, escorrega, cai e é atropelado por um carrinho de pipocas! É isso que você chama de morte digna?
RAPAZ – Mas foi por uma causa!
MOÇA – Ele ficou do lado dos estudantes até o fim. (seus olhos enchem-se de lágrimas.)
ALICE (irritada) – Causa! Que causa? Desde quando estudante tem causa?
ANA – Eles têm razão mamãe, papai morreu por minha culpa. Era eu que devia estar lá. Ele morreu para me dar uma lição! Pois bem. (Volta-se para os estudantes) Eu quero me juntar a vocês, quero me aliar a causa!

(Os estudantes sorriem satisfeitos.)

ALICE – Você não vai se aliar à causa nenhuma, tá me ouvindo! Onde já se viu uma coisa dessas! A única causa que eu tinha na sua idade era fazer crescer meus peitos para ganhar um sutiã!
N.º 3 – Uma causa perdida!

(N.º 1, n.º 2 e n.º 3 prendem o riso. Alice olha com repreensão.)

MAZÉ – Calem a boca! Não me obriguem a tirar os óculos!
ANA – Mas não foi você mesma quem disse que eu deveria participar do protesto?
ALICE – Era pra participar, mas sem causa nenhuma!

(Depois de partilhar um pouco a cena, o Zelador sai discretamente, sem ninguém notar.)

MAZÉ (calmamente) – Vamos, chega de discussão! Estamos aqui, em paz, para dar o último adeus a nosso querido Oscar, tenha ele morrido ou não por uma causa.

(Silêncio. Todos voltam a prestar atenção em Oscar. Alguns se emocionam. Ana chora.)

N.º 1 (depois de um tempo) – Mas se ele não morreu por uma causa, qual foi a causa da sua morte?

MAZÉ (cerimoniosa) – Todo aquele que está vivo um dia morre!

(Novo silêncio.)

N.º 2 – Mas a morte não é um evento da vida. A morte não se vive.
N.º 3 – Nossa vida é sem fim. É só o mundo que acaba.
N.º 2 – A morte dele tornou o mundo outro mundo.

(Pequena pausa.)

N.º 1 – Um morto é sempre um mártir de si mesmo.
O JOVEM (depois de pensar um pouco) – Eu gostava dele!

(Todos olham impávidos para o Jovem assassino.)

ALICE – E o senhor quem é?
JOVEM ASSASSINO (envergonhado) – Eu estava no outro velório...
MAZÉ (interrompendo, indo em direção ao Jovem) – Não se podia dizer que fosse um homem de muitos amigos, mas os poucos que tinha, tratava como se fosse sua própria carne.

(O Jovem concorda com a cabeça e se emociona em lágrimas.)

MAZÉ (consolando o Jovem) – Que é isso meu filho, calma, calma.

(O Jovem chora. A Moça estudante retira o que parece ser uma bandeira da mochila.)

MOÇA (abrindo a bandeira) – Eu gostaria, com a licença dos presentes, de colocar sobre o falecido a flâmula de nosso grêmio estudantil (ele cobre a parte debaixo de Oscar com a bandeira), para que ele descanse sabendo que nós não esqueceremos jamais seus atos de bravura e para que ele se cubra com tão egrégia mortalha, que outros tantos notáveis já partilharam, em sua longa jornada rumo ao panteão da imortalidade.
MAZÉ – Eles agora ensinam a falar desse jeito na escola?
RAPAZ – É que o pai dela é o síndico do prédio.
MAZÉ – Ah!
ALICE – Será que isso é mesmo necessário?
ANA – Deixa mãe, pelo menos é uma homenagem.
ALICE (se aproximando de Oscar) – Mas ele nunca quis homenagens... ele me disse uma vez que queria morrer numa quarta-feira de cinzas, pra que a última impressão que ele levasse do mundo fosse a de uma grande chanchada. (Ela passa as mãos pelo cabelo dele) Foi daí que eu comecei a chamá-lo de Oscarito. Parece que ele conseguiu o que queria. Olha só pra você agora! Até na morte você tinha de bancar o histrião! Olha só, vai ser enterrado com esse paletó, com esse paletó de jeca! Porra Oscarito, você tinha de morrer com esse paletó!

(Alice chora em cima do morto, é consolada por Mazé e pelo Jovem assassino. A Moça começa a cantar o que parece ser um hino.)

ANA – O que você está fazendo?
MOÇA – Estou cantando o hino do nosso grêmio estudantil.
ANA – Alto lá! Aí também já é demais, né? Tudo tem um limite, não vamos esculachar!
MOÇA – Desculpe. (Ela espera alguns segundos) Será que eu posso tirar uma foto? É pro memorial do grêmio, pra ficar de recordação?
ANA – Tá bom, mas só uma!

(A Moça tira uma foto de Oscar, morto, com a bandeira.)

MOÇA – Quer ver?
ANA (olhando) – Ficou muito boa.

(O n.º 3 começa a ficar bastante sonolento.)

MAZÉ – Eu só queria saber como é que foi acontecer uma coisa dessas? (Ao rapaz) Você não estava lá, não viu o que aconteceu?
RAPAZ – Foi tudo muito rápido, ele começou a gritar umas palavras de ordem, começou a incentivar o pessoal a avançar, daí ele pegou uma pedra e saiu correndo na direção dos policiais... quando eu vi, ele já estava caído no meio de todas aquelas pipocas.

MAZÉ (assustada) – Será que foi o marafo que fez isso com ele? Ai, meu deus!

(O n.º 3 ameaça quase cair de sono, os outros o acodem, inclusive o Jovem assassino.)

N.º 2 – Nem numa ocasião dessas você consegue ficar acordado?
N.º 1 – Esse aí é capaz de dormir até no seu próprio enterro.
N.º 3 – Isso nunca!
ALICE (se recuperando um pouco, mas ainda aos soluços) – Pelo menos ele foi um bom pai, não é filha? (Abraçando a filha.)
ANA (abraçando de volta a mãe) – Foi sim, mãe, foi sim.
MAZÉ (com ar nostálgico) – Ele adorava os meus cozidos.
RAPAZ – Eis aí um homem de coragem.

(Nesse instante, o Zelador volta à cena, ele carrega uma pasta de couro pela alça.)

JOVEM ASSASSINO (com os olhos vermelhos) – Eu queria ter conhecido ele...

(O Zelador posiciona-se onde todos possam vê-lo.)

O ZELADOR (preparando a voz) – Desculpem a intromissão, mas eu tenho um pronunciamento a fazer.

(Todos se voltam, um pouco surpresos, para aquele homenzinho. Ele põe a pasta no chão e apanha dentro dela alguns papéis. Organiza-os e, por fim, diz.)

O ZELADOR – Parece que nós temos um problema aqui!
ALICE – Que tipo de problema.
O ZELADOR – Conforme eu fui informado, a declaração de morte desse defunto foi revogada.
MAZÉ – O quê?
O ZELADOR (olhando os papéis) – Bem, é exatamente isto que está constando aqui. O sr. Oscar não está mais oficialmente morto.
OSCAR (levantando o tronco para fora do esquife) – O Quê?
O ZELADOR – Desculpe, senhor, mas é que houve um problema no seu caso.
OSCAR – Um problema?! Que tipo de problema?! E que bandeira é esta aqui?
O ZELADOR – É difícil dizer senhor, parece que eles não chegaram a um consenso sobre a *causa mortis*.
N.º 1 – Eu não disse! Eu não disse!
O ZELADOR – Um caso muito estranho, senhor, muito estranho...

(Oscar desce de uma só vez do esquife. Os outros acompanham vivamente a questão.)

OSCAR – Pois trate de se explicar, vamos!
O ZELADOR – Consta aqui que o senhor, na hora da morte, já estava morto.
N.º 3 – Notável!
N.º 2 – Magnífico!

OSCAR – Como assim, morto?
O ZELADOR – É o que diz o sistema.
MAZÉ – Oscar, você andou fraudando a morte?

(Todos no velório se espantam com a revelação.)

ALICE – Isso é bem típico, hein, Oscar!
OSCAR – Essa é uma acusação grave! Eu não admito!
ALICE – Vai dizer que não teve nenhum esquema lá na repartição, com aquele povo da Previdência?
OSCAR – Bem, teve uns papos lá uma vez...
ALICE – Eu sabia!
OSCAR – Mas eu não estava na jogada, eu juro! Eu estou limpo!
ALICE – Que vergonha, Oscar! A gente, aqui, chorando por você!
ZELADOR – Um instante, o problema parece ter sido outro.

(Todos olham atentamente o Zelador.)

ZELADOR – O senhor Oscar, oficialmente, faleceu às 19h18 da noite anterior, vítima de uma concussão na cabeça ao ter sido atropelado por um carrinho de pipocas.

(Todos concordam com a cabeça.)

ZELADOR – Mas aqui consta que, no mesmo instante, algo fora do previsto provocou uma parada cardíaca. Algo impossível de ser detectado pelo nosso sistema.

OSCAR – Como impossível de ser detectado? Incompetentes! Será que um sujeito hoje em dia não tem nem o direito de cair morto? Que bela porcaria!
ZELADOR – Desculpe senhor, mas é que o sistema ainda tem suas brechas... Veja o caso Sarney, não está sendo fácil arrumar um jeito de trazermos ele.
ALICE – Esse país não tem jeito.
MAZÉ – Será que foi sabotagem, assassinato?

(Todos ficam assustados com a hipótese.)

N.º 1 – Mas como é que alguém pode ter matado o Oscar se ele não morreu?

(Mazé volta a estar atenta aos desdobramentos.)

OSCAR (feliz) – Ei, até vocês vieram! Mas e o jogo, e o relógio?
N.º 2 – Demos tempo ao tempo para ver você dar as cartas.
N.º 1 – Dar um blefe na morte!
N.º 3 – Fundar o instante!
OSCAR – Mas aí é que tá, eu morri ou não morri?
O ZELADOR – Tecnicamente sim, eles assistiram todos os videoteipes, de todos os ângulos, para se certificarem disso. Só que o sistema é incapaz de reconhecer a causa.

(Todos se entreolham perplexos.)

ANA – Pai, o que é isso na lapela do seu paletó?
RAPAZ – É o seu broche do Movimento, ele pediu pra ser enterrado com ele.
MOÇA – Foi seu último pedido.
ALICE – Mas que história é essa agora, Oscar?
OSCAR – É o meu broche.
ZELADOR – Interessante! O senhor é um homem de convicções políticas, seu Oscar?
OSCAR – Eis o que eu digo: se queres acreditar no impossível, precisa praticar seis vezes ao dia!
ALICE – Ele sempre foi um derrotado, isso sim, até na morte ele fracassou.
OSCAR – Pois eu detestaria estar no lugar daqueles que me sobreviveram.
N.º 3 – O fantasma que ronda está de volta!
N.º 2 – Anarco-funeralismo!
N.º 1 – A posteridade é um roubo!
ZELADOR – Isso realmente explica muita coisa.
(n.º 1, n.º 2 e n.º 3 começam a assoviar a Internacional; Mazé ralha pedindo silêncio.)

ZELADOR – Seria muito difícil pro sistema atual reconhecer uma morte dessas. Não se sabe de nenhum caso parecido nas últimas décadas – um homem de convicções políticas.
OSCAR – Mas vocês não estão se atendo ao mais importante – como eu é que fico daqui pra frente?
O ZELADOR – Bem...
MOÇA – Agora você pega o seu corpo de volta!

(Nem todos concordam.)

O ZELADOR – Isso é impossível, o corpo já foi assentado e entregue aos novos donos.
OSCAR – Novos donos, que novos donos?
O ZELADOR – Os vermes, naturalmente!
OSCAR (ralhando) – Vermes é o *cazzo*... (Ele pega o Zelador pelo colarinho) Eu quero o meu corpo de volta, ouviu bem, o corpo é meu! A alma é minha, minha!
O ZELADOR (falando espremido) – Há controvérsias a esse respeito, senhor.
RAPAZ – Mas e o livre-arbítrio?
O ZELADOR (ralhando) – Isso é bem típico, vêm com esse discurso libertário todo, mas na hora da expropriação, ninguém quer que mexa com o seu.

(Silêncio profundo. O Zelador volta a se arrumar.)

ALICE (solícita) – Sendo o erro da parte de vocês, deve haver algum tipo compensação?
MAZÉ – Ele têm os seus direitos!
N.º 1 – É! Direitos do consumidor!

(Todos concordam positivamente.)

O ZELADOR – Bem, nós temos uma proposta.

(Todos concordam que já era hora e esperam para ouvi-la. O Zelador vai até a sua pasta e tira de lá um *notebook*.)

OSCAR – Senhor Oscar, como prova de nossa preocupação com seu caso e com seu bem-estar, tomamos a liberdade de lhe criar um novo perfil. Eis o que lhe oferecemos – uma nova vida em tempo real!

(O Zelador abre o *notebook*. O palco é tomado por projeções do "mundo virtual". Vemos Oscar numa série de perfis *on-line*, criados para ele... Todos os presentes, numa grande catarse, brincam entre as imagens, menos Oscar. A cena dura um bom tempo.)

ANA – Olha só pai, você tem um *Messenger*, agora a gente vai poder finalmente conversar.

(Oscar se aproxima mais do Zelador e observa por alguns instantes o monitor, depois o fecha de uma só vez. As projeções cessam.)

OSCAR (ao Zelador, contendo-se) – Eu quero falar com Ele.
O ZELADOR – Com Ele quem?
OSCAR – Como com Ele quem? Com Ele! Está me ouvindo, quero falar com Ele!
O ZELADOR (amedrontado) – Com Ele? Impossível!
OSCAR – Como impossível, está escrito lá que eu tenho o direito de me encontrar com Ele!
O ZELADOR – Está escrito lá onde?
OSCAR – Você sabe muito bem onde, eu quero falar com Ele!
O ZELADOR – Mas senhor, eu sou apenas o Zelador, não tenho acesso às altas esferas.

(Oscar vem até a frente da cena e permanece olhando para uma espécie de ponto de fuga. Atrás dele vem os partícipes. Ele diz em alto e bom som.)

OSCAR – Apareça, vamos! Eu estou aqui para vê-Lo! Agora somos eu e você, face a face!

(Uma enorme sombra aparece no fundo da cena, com um forte ruído. Todos os presentes apressam-se a sair do palco, alguns deles se encarregam de limpá-lo, tirando o esquife e as cadeiras, deixando a cena inteiramente nua. Permanece nela apenas Oscar. A sombra, aos poucos, começa a diminuir, assim como o ruído. Vemos alguém entrando em cena, é um homem, ele fica no fundo do palco, estático, ainda banhado em sombras, não vemos quem é, só depois percebemos, é Vidal.)

OSCAR – Vidal! É você?
VIDAL, O MORTO – E quem você esperava, Deus?
OSCAR – Eu esperava que, ao menos...

(Vidal, o morto, chega bem perto de Oscar e o abraça, encaminhando-se com ele para o centro da cena.)

VIDAL, O MORTO – Deus, meu caro, só aparece nos entreatos!

(Oscar e Vidal permanecem no centro da cena. Vidal olhando para o amigo. Oscar parece visivelmente cansado.)

OSCAR – Então, está por dentro do meu caso? É tudo muito esquisito, muito confuso.
VIDAL, O MORTO – Não se preocupe, eu vim pra ficar com você.
OSCAR – Então me esclareça uma coisa, o que significa isso aqui?

(Oscar retira de dentro do paletó o pacote.)

VIDAL, O MORTO (apanhando o pacote) – É a receita do pavê de mamãe!
OSCAR – Pavê? (Pausa.) Vidal, o que você acha que vai acontecer comigo?
VIDAL, O MORTO – Já é hora de deixarmos as opiniões de lado.
OSCAR – E o que nós faremos? Vamos ficar aqui esperando?
VIDAL, O MORTO – Meu caro, agora não existe mais nós, somos apenas Tu e Eu.

(Vidal e Oscar vão para um canto da cena e sentam. Pausa.)

OSCAR (pondo as mãos no bolso do paletó) – Ei, veja o que eu tenho aqui nos bolsos (ele tiras duas bolachas) Aceita uma?
VIDAL, O MORTO (pegando a bolacha) – Obrigado. (Mastigando.)
OSCAR – Hum! Sua mãe não usava umas bolachas desse tipo na receita do pavê?

(Vidal concorda com a cabeça.)

OSCAR – Eu adorava o pavê que ela fazia!
VIDAL, O MORTO – Eu também. (Pausa) No fim, é só isso o que a gente leva, esse gosto. O resto é silêncio.

(Os dois mastigam demoradamente as bolachas. Pausa grande.)

OSCAR – Mas ainda resta algo no meu silêncio.
VIDAL, O MORTO – O quê?
OSCAR – O teu silêncio.

(Os dois voltam a mastigar as bolachas.)

VIDAL, O MORTO – Acho que esse pode ser o início de uma bela amizade.

Casulo

Eduardo Baszczyn

Personagem

Luísa

(Luísa, mulher de 30 e poucos anos. Uma das janelas acesas no infinito da cidade.
Pequeno apartamento. A sala sem ninguém.
Ao fundo, a porta de entrada fechada.
Batidas na porta.
Pausa.
Batidas na porta.
Luísa se aproxima. Não abre, mas fala com quem está do lado de fora, sem sofrimento.)

Eu não tive tempo.

(Pausa.)

Está ouvindo? Eu ainda não tive tempo.

(Pausa.)

Eu não tive tempo de arrumar as suas coisas, eu.
Eu não achei nenhuma caixa de papelão pelo apartamento e... Eu não quis jogar os seus livros em uma sacola de supermercado como a gente faz com o lixo. Então, eu.
Está me ouvindo? Então, eu acho melhor você parar de bater na porta desse jeito. Nesse mesmo ritmo. Com

esse mesmo intervalo entre as batidas como se tivesse ensaiado antes. Eu não vou abrir.

(Pausa.)

Eu não vou abrir, Caio. Eu não vou fazer isso, eu.
Eu não vou abrir, apesar da vontade de ver a sua cara de decepção do outro lado da porta. Eu não estou morta, como você gostaria. Está me ouvindo? Eu não estou morta. Eu sei que você desejava sentir um cheiro forte e azedo, passando por este vão, aqui embaixo. Invadindo o corredor. Eu sei que você sonhava em bater e bater, sem parar, por horas, sem ter nenhuma resposta. Que você queria voltar com o porteiro curioso pra mexer na fechadura ou arrombar tudo com um chute bem forte. Que gostaria de me encontrar caída sobre o tapete, rodeada por meus gatos famintos, miando atrás de comida. Caída, no escuro, com as janelas fechadas, abafando o gemido de um sax no *repeat* do aparelho de som, mas.
Eu não estou morta, Caio. Está me ouvindo? Eu não estou morta.
Não completamente.

(Saindo de perto da porta.)

Porque olha: as janelas estão abertas. O sol tem entrado quase todas as manhãs, teimoso, se contorcendo entre os vãos dos prédios da frente.
É preciso abrir as janelas, não é? É preciso deixar que pelo menos um filete de sol passeie pelo aparta-

mento, todos os dias. É preciso de pelo menos um raio milimétrico de luz para que a planta não morra. Mais do que encharcar a terra com água, é preciso abrir as janelas, não é? Por isso, eu não estou morta.

Não completamente.

(Voltando para a porta.)

Eu juro que eu queria abrir esta porta, Caio. Está me ouvindo? Eu juro que queria olhar a sua cara, agora, sabendo que não estou trancada no escuro. Mofando e apodrecendo, aos poucos, na sombra do apartamento fechado. Eu escancararia essa porta para ver sua decepção escorrendo pelo rosto, mas... Eu sei que se fizer isso, você vai entrar se aproveitando do vão, como um inseto invadindo o apartamento no meio da madrugada. Como naquele dia.

Eu tinha jurado. Eu tinha jurado para mim mesma, que não abriria a porta, mas... Mas você chegou com aquela capa que guardava o cheiro de todas as chuvas que já havia tomado. Com aquele casaco mais comprido, por cima da roupa, misturando seu cheiro com o de todas as gotas absorvidas nos últimos tempos. Naquela tarde, antes de deixar você subir, eu espiei pela janela, Caio. Você parado em frente ao prédio no meio da chuva. Esperando, como se fosse derreter com a água que ia pelo chão. Se molhando ainda mais com as poças espirradas pelos carros. Com a sujeira escorrida da cidade imunda. Eu deixei que você entrasse para salvar as flores. Eu só deixei que você entrasse para salvar as flores que trazia debaixo do braço. Os botões, despetalados pela chuva durante o caminho até o apartamento. Naquela tarde, eu não queria abrir a porta. Eu não queria que entrasse de novo, mas... Mas você chegou com aquela capa que guardava o cheiro de todas as chuvas e...

(Pausa.)

Mas, hoje, eu acho melhor você ir embora. Está me ouvindo? Hoje, eu acho melhor você sair daqui.
Eu não tive tempo.
Eu não tive tempo de procurar uma caixa de papelão pelo apartamento. E não quis jogar os seus livros em uma sacola, como a gente faz com o lixo, então... Eles continuam no mesmo lugar. Empilhados no mesmo canto.

(Saindo de perto da porta.)

Eu mudei pouca coisa aqui dentro. Ainda. Quase tudo continua do mesmo jeito. Eu só troquei algumas fotos e...
E joguei aquelas flores amarelas. De plástico. Estavam escurecidas pelo que vem dessa cidade cinza. Encobertas por uma camada grossa de poeira. Pela sujeira que as cortinas não filtram. Imundas. Artificiais, mas apodrecidas. Por isso, eu as troquei. Hoje de manhã. Eu virei o vaso no lixo e saí para comprar outras. Brancas.
Sem querer, eu, hoje, comprei flores brancas, Caio.

(Pausá mais longa.)

Ele queria flores brancas.

Ele queria flores brancas espalhadas por todo o espaço onde os que sentissem alguma coisa por ele pudessem chorar. Alguma coisa de triste, eu quero dizer. Naquela manhã, eu saí para fazer a última vontade dele, sem ser obrigada. Tomei um banho demorado. Me vesti. E saí para comprar um monte delas. Equilibrada sobre os malditos sapatos, que me apertavam antes mesmo de sair de casa. Que descascavam a parte de trás dos meus pés a cada passo. Eu deveria ter saído antes de me vestir. Antes de me prender no aperto daquele vestido preto. Antes de tirar as pequenas manchas de mofo espalhadas pela roupa, que não suportava aqueles quilos a mais. Eu não deveria ter parado de enfiar o dedo no meio da garganta depois dos meus jantares, como fiz durante tantos anos. Eu não deveria ter parado de correr para o banheiro vomitar minha culpa depois de todas as refeições. Ver as sobremesas boiando no meio do vaso, por mais tempo, teria me garantido uma situação mais confortável dentro daquele vestido. Dentro daquela roupa que me apertava. Me prendia. Me sufocava. Dentro daquela merda de vestido que me fez suar em frente ao espelho, enquanto eu decidia: Lápis no olho? Batom vermelho seria demais? Cabelos soltos? Não, presos. Não: cabelos curtos. Bem curtos.

Naquela manhã, em frente ao espelho do quarto, eu fui cortando os cabelos bem devagar. Segurando punhados deles, aos poucos. Passando a tesoura no que sobrava para fora das mãos. Amontoando os fios sobre o tapete. Cabelos curtos, então... Cabelos curtos, como eu nunca havia tido. Cabelos curtos, batom vermelho e lápis no olho, como que para uma comemoração. Porque, no fundo, eu comemorava. Porque, no fundo, eu me senti bem ao acordar com o telefone tocando naquela manhã. Ao receber aquela notícia, antes mesmo de ir ao banheiro desgrudar os olhos, debruçada sobre a pia.

(Caminhando até o aparelho de som.)

Eu me senti muito bem, quando fui chamada por uma das vizinhas dele. Eu me senti aliviada, durante todo o caminho. Eu fui ouvindo música, você sabia?

(Liga o som.)

Eu fui ouvindo música, durante todo o caminho. Dirigindo pela cidade numa felicidade enorme. Numa felicidade rara. Pisando fundo no acelerador para poder chegar logo e ter certeza.

(Aumentando o volume.)

Eu aumentei o volume do rádio, cantando para os desconhecidos. Para as pessoas comuns, em mais um dia de suas vidinhas de merda, me observando e me achando maluca. Me olhando assustadas. Rindo. Balançando suas cabeças. Cochichando. Classificando minha felicidade como loucura. Mas eu não me importava. Eu estava feliz. Eu estava fe-liz. Se eu não estivesse dirigindo, eu também dançaria pelo caminho inteiro. Se eu não estivesse dentro do carro, eu dançaria por horas, cruzando a cidade, para comemorar aquele dia. Eu dançaria por horas, Caio.

(Aumenta mais o volume e dança no meio da sala por alguns minutos. Abaixando o som.)

Porque, no fundo, eu me senti muito bem quando, ao lado da vizinha dele, subi por aquele elevador cheirando a mofo. Quando atravessei os corredores de mãos pretas pelas paredes. Eu me senti muito bem quando abri a porta daquela caixa de fósforos minúscula onde ele morava. Vingada. Eu me senti vingada, quando o vi caído no meio da sala. Com a televisão ligada para ninguém. De calção largo. Sem camisa. Com a cara batida no chão frio. Machucado na testa. Sangue sobre o piso. Os pés brancos sem chinelos. As pontas dos dedos já roxas. (Sorri) Fe-liz. Eu me senti feliz ao abrir a porta e olhar aquela sala pela última vez. A maldita sala onde tudo começava. O maldito apartamento onde, há anos, ficávamos sozinhos. Eu e ele.

Eu fiquei aliviada, ao olhar aquela sala pela última vez. O lugar onde ele me colocava ao lado dele. O sofá, no canto do apartamento, onde ele passava as mãos, ásperas, pela minha perna. Por debaixo do meu vestido. Onde ele enfiava os dedos pelas alças sobre os ombros e mexia nos meus peitos. Beijava minhas costas. Meu pescoço. Enfiava a língua nojenta na minha orelha. Estava tudo lá. Do mesmo jeito. O lugar onde ele percorria com sua boca imunda o restante do meu corpo. Esfregando o bafo de bebida na minha pele. Arranhando meu pescoço com a barba mal feita. Tudo lá. O sofá marrom, agora, de molas saltadas. As almofadas ainda guardando, entre a espuma suja, a mistura do nosso suor. Do meu sangue. Do gozo dele. Das minhas lágrimas do depois.

Por isso, os cabelos curtos. O batom vermelho. O lápis no olho. Por isso, os vidros abertos. A música saindo pela janela do carro, durante todo caminho.

Naquela manhã, quando deixei o apartamento de meu pai, depois da certeza de que tudo estava realmente acabado, eu fui correndo fazer sua última vontade. Eu fui comprar flores para serem espalhadas pelo velório. Eu fui comprar as flores que ele tanto queria para espalhar pelo local onde os que sentissem alguma coisa por ele pudessem chorar. Alguma coisa de triste, eu quero dizer. Porque eu... Eu estava feliz. Naquele dia, eu estava muito feliz.

(Pausa.)

Foram centenas de botões, bem do jeito que ele queria. Naquela manhã, eu também comprei flores brancas, Caio. Naquela manhã, eu também comprei flores brancas. Mas com muito mais prazer.

(Pausa. Voltando para a porta, confusa.)

Você não quer entrar?

Eu acho que você deveria entrar um pouco.

Eu devo ter, sim, alguma caixa de papelão, pelo apartamento e você poderia esperar aqui na sala, enquanto eu procuro e coloco os seus livros nela. Assim, você não precisa voltar um outro dia. Atravessar toda a cidade de novo.

Por que você não entra um pouco?

(Pausa.)

Tem dias que eu...
Tem dias que eu me sinto tão sozinha.

(Saindo de perto da porta.)

Eu sei que eu estou sozinha, mas... Mas tem dias que eu tenho a consciência dessa solidão. Do tamanho dela. Você entende? Tem dias que passam normalmente como se tudo estivesse bem. Como se nada tivesse mudado. Mas, às vezes, quando o final da tarde chega e o céu começa a escurecer do lado de fora, eu fico olhando a cidade. O prédio da frente. As janelas abertas. As luzes começando a ser acesas. Tem dias em que eu fico olhando pela janela, invejando a mulher que prepara o jantar do outro lado do abismo que separa os nossos prédios. A mulher que arruma a mesa. Que coloca os pratos. Distribui os talheres. Tem dias que eu fico invejando os telefonemas que ela recebe. Os sorrisos que ela dá. O banho quente que toma, antes de escolher a roupa, nua, no meio do quarto. Invejando o vestido que ela coloca. O jeito como prende o cabelo. O perfume espirrado no pescoço. A maquiagem. Tem dias que eu fico invejando o marido que chega. O jantar rápido e calado dos dois. As ligeiras trocas de olhares. O filme vagabundo na televisão. O silêncio deles até o sono virado para lados diferentes. Tem dias que eu me sinto tão sozinha, que acabo invejando até essas vidinhas medíocres. Essas vidinhas pequenas. Ordinárias. Finais de tarde que acabo desejando estar no prédio da frente. Do outro lado do abismo. Dentro da outra janela. Na vida comum de outra pessoa. Mesmo que ela seja uma droga. Tem dias que eu invejo vidinhas de merda, só para não estar sozinha. E sinto ódio. Há finais de tarde, enquanto tudo escurece do lado de fora, que eu sinto ódio. Finais de tarde que...

Eu odeio você, Caio. Está me ouvindo?

Há dias que odeio você.

(Pausa.)

Só o ódio abre os nossos olhos. Só ódio nos deixa enxergar a realidade, mas... Nem ele tem adiantado. Nem o ódio que eu sinto, às vezes, por você tem adiantado.

(Pausa.)

Nesses finais de tarde, quando tudo escurece, eu ainda saio procurando você pelo apartamento. Pode ir? Eu pergunto do canto da sala. Desde o início da brincadeira. Desde que me mandou tapar os olhos e contar até dez, antes de poder sair buscando. Pode ir? Ecoa pelos cantos. Pergunta em forma de grito, enchendo o vazio dos cômodos.

Mas você não responde!

Eu odeio você porque você não responde. E eu o procuro e não o encontro e volto. Braço sobre os olhos, eu conto de novo, já no escuro da noite. Você não responde, mas... Mas eu não desisto desse esconde-esconde. Pode ir?

PODE IR?

(Pausa.)

Pode... Eu achei que você respondeu um dia.

Pode... Sua voz entrou pela janela e eu tirei o braço de cima dos olhos. Eu deixei o canto do apartamento e saí, apesar da chuva que tinha começado a cair.

Sempre chove sobre a nossa história, Caio?

Sempre chove sobre a nossa história?

Naquele dia, eu saí pela cidade porque tinha certeza de que iria te encontrar. Eu deixei o prédio e fui pela calçada, como naquele filme. Exatamente como naquele filme em que ele sai andando pela chuva. Pisando com força nas poças para que a água espirre de propósito. Exatamente como naquele filme, mas sem nenhum motivo para cantar, girando, agarrada a um poste, de guarda-chuva aberto. Naquela noite, eu subi e desci a nossa rua, por várias vezes. Sem parar. Eu procurei você por todos os cantos. Pelas praças. Debaixo das marquises. Pelas escadas do metrô. Por trás das árvores. Postes. Eu procurei sob as pontes. Sobre os viadutos. Dentro dos ônibus. Atrás dos carros. Nos banheiros públicos. Eu entrei nos bares, gritando seu nome no meio da música alta:

PODE IR, CAIO?

Pode! você respondia. Pode... E eu tentava enxergar entre a fumaça. No meio de tanta gente. No meio de tantas almas solitárias. Juntas, mas tão sozinhas quanto eu. Enlatadas na pista de dança. Se apertando e se assustando com os meus berros. Com a minha voz, tão alta quanto as músicas, chamando por você:

PODE IR?

Pode... E eu procurei nas igrejas, entre os santos. Nas esquinas, entre os putos. Tocando campainhas. Batendo em dezenas de portas. Apertando os interfones, chamando por seu nome. Eu andei pela chuva, invadindo lugares trancados. Derrubando tapumes de terrenos abandonados. Eu quebrei vidraças com pedras. Arrombei cadeados. Machuquei meus joelhos, tropeçando pelas calçadas. Eu mergulhei meus sapatos nos rios que a água formava descendo as ruas já vazias de um meio de madrugada. Eu busquei por todos os vãos. Espiei em todos os buracos. Eu atravessei a cidade nesse esconde-esconde infinito, com os pingos grossos tentando atravessar meu corpo. Eu andei por horas, atrás da sua voz, Caio. Misturando lágrimas e gotas pelo rosto. Engolindo choro e chuva, a cada grito pelo seu nome.

(Voltando para a porta.)

Era você, não era?

(Acariciando a porta, fala mais baixo.)

Você não precisa me dizer onde estava, mas... Era a sua voz naquele dia, não era?
Era você me dizendo que eu podia ir, não era?

(Pausa mais longa.)

Você quer entrar?

(Pausa.)

Você não quer entrar um pouco?

(Deixando a porta.)

Você pode ficar aqui na sala, enquanto eu procuro uma caixa para colocar as suas coisas. Os seus livros. Eles continuam empilhados no mesmo canto. Eu mudei pouca coisa aqui dentro. Ainda. quase tudo permanece do mesmo jeito. Eu troquei as flores e...
Eu já disse que troquei aquelas flores amarelas? De plástico? Elas estavam mortas. Cinzas. Artificiais, mas apodrecidas.
Eu também mudei a foto. Do porta-retratos.
Eu já disse que mudei a foto do porta-retratos? Estava me incomodando. Eu não estava conseguindo fazer as coisas com você me olhando o tempo todo. Com

você sorrindo no canto do apartamento. Então, eu troquei também... A foto.

(Pega o porta-retratos nas mãos. Olhando a foto, senta no chão, encostada na porta.

Você já me viu vestida para a procissão, Caio? Cinco ou seis anos. De anjo? Eu coloquei essa foto no porta-retratos. Eu, anjo.
Eu, um anjo.

(Pausa mais longa.)

Eles não sabiam de nada.

(Pausa.)

Eles não sabiam de *nada*. Todos eles que aplaudiam, que assistiam à passagem da procissão, enchendo a rua, não sabiam de nada. Que eu não havia pedido aquelas asas, grudadas nas costas. Os ferros que entravam na pele. Que eu não havia pedido aquela roupa que me apertava. A barra mais longa que me fazia tropeçar a cada passo. Eles não sabiam de nada. Todos achavam lindo, mas não imaginavam. Jogavam pétalas, cantavam hinos, choravam pela santa, faziam promessas, pediam milagres, mas... Não sabiam de nada. Que as pequenas sapatilhas me espremiam, fazendo bolhas nos cantos dos dedos, a cada passo. Que o pingar da vela acesa queimava a minha mão. Tortura sem o fetiche.

Nada. Ninguém sabia de nada. Todos os que sorriam com o tropeço, com a queda daquele pequeno anjo, no meio da rua de paralelepípedos, não imaginavam que, por dentro, tudo já pesava. Cruz. Joelhos ralados no chão, ninguém ouvia minha reza pelo canto da boca. O meu cochicho xingando a imagem. Amaldiçoando a estátua de rosto sofredor. Ninguém. Ninguém ouvia o meu pedido para que as escadas da igreja chegassem logo. Para que tudo aquilo acabasse. Para que arrancassem de uma vez por todas aquelas malditas asas de mim.

(Pausa.)

É só assim que se caminha?
É preciso sentir o arranhar dos ferros marcando as costas para que se avance?
É preciso sentir o aperto das sapatilhas, machucando os pés, em todos os passos?
Sofrer com o pingar da vela, queimando a pele, todos os dias?
Ralar os joelhos em infinitas quedas?
É só assim que se caminha?
Só a dor traz o crescimento, não é?
Só a dor traz o crescimento.

(Pausa.)

Você chegou a ver essa foto, Caio? Eu, um anjo?

(Larga o porta-retratos no chão.)

Às vezes, eu queria que o mundo se transformasse em uma *polaroid* ao contrário.

Tudo em volta sumindo aos poucos. Em segundos, apenas um borrão antes do nada.

(Pausa.)

Fotos. Flores. Eu mexi em muito pouco do que sobrou. E sobrou pouco, Caio. Sobrou muito pouco.

(Deixando a porta, vai para o meio do apartamento.)

Porque haveria paredes pintadas. Papel florido, grudado em uma delas. Haveria cortinas desenhadas em bordado azul. Tecido fino filtrando o outono invadindo a sala. Haveria toalhas esticadas à espera de pratos... Louça branca. Talheres lado a lado. Xícaras. Jarras. Lustres. Reflexo das lâmpadas na bebida que transbordaria os copos. Meus pés brincando os dedos entre os pelos do tapete. Capas sobre os sofás. Quadros. Natureza-morta pregada no canto. Taças intactas. Cristais trancados. Garrafas de vinho envelhecendo mais um dia, no escuro do porão. Caixas fechadas por laços, guardando segredos em cima do armário. Molduras douradas. Relógio na sala de jantar. Ponteiros de bronze contando os minutos. Música. Partitura aberta sobre o piano. Sonata atravessando a casa. Saindo pela janela. Contaminando a cidade cinza. Haveria água morna me esperando na banheira. Espuma feita. Sais. Disco girando na vitrola. Estátuas. Haveria tanta coisa, se não fosse você. Tanto, se eu tivesse evitado sua passagem como um vento forte. Vendaval. Tornado, quebrando a louça. Os móveis. Arrancando os quadros. Tempestade, derrubando as taças. Quebrando os vidros das janelas. Levando as cortinas bordadas.

Olhe para isso.

(Pausa.)

Olhe para isso, Caio. Haveria tanta coisa no lugar desse caos. Tanto, no lugar da vida destruída. Se não fosse você, teria sobrado muito mais de mim.

Está me ouvindo? Se não fosse você, teria sobrado muito mais de mim.

(Volta para perto da porta.)

Mas eu sei!
A culpa não é apenas sua.
Eu também tenho culpa!
Eu também sou culpada por tantos cacos. Por tantos restos. Por tudo em volta transformado em ruínas. Em destroços de algo que já foi grandioso. Eu também tenho culpa, não tenho? Porque eu poderia ter fechado os olhos. Fingido um sono cansado. Eu poderia ter virado a cabeça para acompanhar a paisagem que corria do lado de fora. Os campos formando um borrão de cores misturadas pela velocidade do trem. Eu poderia ter tirado um livro da bolsa. Trocado de lugar. Me equilibrado pelo corredor do vagão até uma outra

poltrona. Fugido. Eu poderia ter descido antes. Largado as malas. Saído correndo pela estação vazia de qualquer lugarzinho no meio do nada. Eu poderia ter aberto o mapa da próxima cidade. Desdobrado o papel, formando um muro em frente ao meu rosto. Uma máscara sem furos. Um obstáculo impossível de ser ultrapassado. Mas não. Nada. Eu continuei do mesmo jeito. Ali. Parada.

A não ser por aquele pequeno gesto.

(Pausa.)

Você sabe dos riscos desse pequeno gesto? Quando você apenas retribui um olhar? Você sabe dos riscos desse pequeno gesto?

(Pausa.)

Sem saber, Caio, você pode ser o motivo da madrugada perdida. Da olheira contornando os olhos na segunda de manhã. Sem saber, você pode ser a causa do encolhimento debaixo da cama. Da febre. Do choro. Do grito que sai pelo vão da porta. Que atravessa as paredes acordando os vizinhos que nunca chegam. Você pode ser a letra da música. A rima do verso. O rosto do quadro. A lembrança que traz o gozo no movimento da mão sob os cobertores. Você pode ser o motivo do pulo no meio da tarde. Da queda do décimo andar. A lâmina do corte. O traço no pulso. O sangue que mancha a espuma. Sem querer, você pode estar onde menos imagina. Na raiva que rasga a foto. Nos fios de cabelos puxados. No amargo dentro da boca. Na ânsia que embrulha o estômago. No fôlego do palavrão. Por isso, cuidado. O gesto não é tão pequeno quanto parece. Por isso, cuidado. Antes de retribuir um olhar, Caio, saiba que você pode ser responsável por muita coisa. É apenas o levantar dos olhos, mas você pode até matar.

(Pausa.)

Eu também tenho culpa, não é? Eu também sou culpada pela vida transformada em caos, porque eu continuei ali. Do mesmo jeito. Parada. Sem mexer o corpo. Sem mexer a cabeça. Parada. A não ser por aquele pequeno gesto. Milimétrico. Quase imperceptível. A não ser por aquele pequeno gesto.
Apenas o olhar retribuído e a vida para sempre mudada.

(Pausa mais longa.)

Você não fala nada?
Você não fala nada, Caio?

(Encosta a cabeça na porta, tentando ouvir.)

Por que você não fala nada?
Você veio até aqui por que, afinal?

(Afastando-se da porta.)

Você veio bater nesta porta só por causa de seus livros? Só por causa dessa pilha de romances vagabundos que você lia? Você veio até aqui só por causa disso?

(Vai até os livros. Senta no chão. Mexe neles. Pega um.)

Foi lendo essas porcarias que você aprendeu a ser desse jeito? Imitando os personagens dessas histórias? Levando a sério essas poesias baratas?

(Abre o livro. Lê um poema.)

SEPARAÇÃO
No fim, o que sobra é como cortiça de menina.
De moça que muda de quarto.
Levam os sorrisos com as fotos, mas deixam sempre os alfinetes.
Fincados.

(Sorri.)

Foi nesses livros, não foi?

(Joga o livro sobre a pilha, com descaso.)

Foi nessas porcarias de livros que você aprendeu a ser assim, não foi? Qual dessas histórias você está imitando? Qual dessas você resolveu copiar? A que vai embora? A que deixa uma mulher sozinha numa droga de apartamento? Como acaba a trama que você escolheu?

Você tem um final feliz?
Você tem um final feliz, Caio?

(Pausa.)

Se você não fala nada, por que não vai embora?
Se você não fala nada, então, por que você não para de bater nessa porta e vai embora?
Não era sozinha que você queria me deixar quando esvaziou os cabides?
Não era sozinha que eu deveria ficar? Então vá embora.
São os seus livros que você quer?

(Saindo da sala.)

Foram os livros que você veio buscar, não é? Então, não precisa mais esperar. Eu coloco tudo em um saco qualquer e devolvo... Agora. Eu devolvo tudo agora.

(Fora de cena, falando mais alto.)

Você também deixou por aqui alguns discos; um pé de meia caído debaixo da cama; uma gravata no fundo da gaveta. E as fotos. Elas são suas também.
Você vai querer as fotos de volta, Caio?

(Luísa retorna para a sala com os objetos esquecidos por Caio e uma caixa nas mãos.)

Você vai querer as fotos de volta, não vai? Eu imaginei. Por isso, eu não as joguei fora.

(Senta no chão no meio da sala. Abre a caixa sobre o colo.)

Elas estão picadas, mas. Mas você pode colar, se quiser.

(Pega pedaços de fotos nas mãos. Segura um deles na altura dos olhos.)

Você pode colar pedaço por pedaço. Emendar a nossa felicidade.

(Pausa.)

Você pode emendar a nossa felicidade, Caio.

(Vai trocando os pedaços que olha, a cada frase.)

Você pode me abraçar de novo.

(Troca.)

Me beijar em Paris.

(Troca.)

Você pode se sentar ao meu lado na beira de uma fonte romana.

(Troca.)

Almoçar comigo em um domingo de sol no Rio de Janeiro.
(Troca.)

Você pode sorrir de novo ao meu lado em todos esses momentos picados.
Em todas essas situações. Em todos os lugares. Em várias poses.
Você pode emendar a nossa felicidade, quando quiser.

(Pausa. Segura um punhado de pedaços.)

Tem muitas fotos, mas... É só você separar.
Eu rasguei um monte delas de uma vez. As nossas. As da infância. As da família.
Em uma tarde, eu rasguei quase todas as fotos.
Todo o passado.
Em uma tarde, eu piquei todo o passado, Caio!

(Segura outro pedaço na altura dos olhos.)

Até a minha mãe está em pedaços aqui.

(Pausa mais longa.)

Eu rasguei a foto. Eu rasguei a foto dela porque queria me esquecer também daquele dia. Da semana depois do Natal. Era a semana depois do Natal, mas ainda não era um novo ano. Naquela tarde, eu brincava com o meu presente. Com o quebra-cabeça, espalhado pelo chão da sala. Quinhentas peças. Quase todas encaixadas, formando o desenho igual ao da caixa. O quarto... *O quarto de Van Gogh em Arles, 1888*. A cama no canto. Os quadros nas paredes. O espelho. As duas cadeiras. A toalha pendurada. A mesa. A janela entreaberta.

É preciso abrir as janelas, não é Caio? É preciso deixar que pelo menos um filete de sol passeie pelo cômodo, todos os dias. É preciso de pelo menos um raio milimétrico de luz para que a planta não morra, não é?

(Pausa.)

Eu não estou morta.
Não completamente.

(Pausa.)

Era a semana depois do Natal, mas ainda não era um novo ano. Eu brincava com o meu presente. O quebra-cabeça, no chão da sala. Quinhentas peças, quase todas encaixadas, mas... Faltava a mesa. Faltava apenas completar a mesa com os objetos sobre ela. Era no amontoado de poucas peças azuis que faltavam para formar a garrafa e o copo que ficavam sobre a mesa no canto do quarto, que eu me concentrava. Apenas um espaço e... Era no pequeno espaço incompleto no canto do quebra-cabeça que eu me concentrava até ouvir aquele barulho vindo da cozinha. O baque seco.

O ruído das panelas. O gemido. Foi o barulho que me fez tirar os olhos do quebra-cabeça estendido como um tapete sobre o chão da sala.

(Pausa.)

Quando eu entrei na cozinha, ela...

(Pausa.)

Quando eu entrei na cozinha, ela ainda esfregava a mão sobre o peito. Subindo e descendo até o pescoço como se faltasse ar naquele ambiente. Como se estivesse com algo engasgado no meio da garganta. Sem saber o que fazer, eu corri em direção a ela. Eu corri até o meio da cozinha, deixando cair as peças. Deixando cair sobre o chão as peças azuis que eu apertava em uma das mãos. Espalhando pelo piso aqueles pequenos quadrados de pontas irregulares que completariam o meu quebra-cabeça. Segundos. Foram segundos. Faltava tão pouco e... Quinhentas peças. Quase todas encaixadas. A imagem quase completa. A cama no canto. Os quadros nas paredes. O espelho. As duas cadeiras. A toalha pendurada. A mesa. A janela entreaberta. Segundos. Eu apenas parei de correr e me abaixei para pegar as peças. Eu apenas me abaixei pra recolher as peças que haviam caído da minha mão e... Silêncio. Quando eu olhei de volta, silêncio. Nenhum som. Nenhum movimento. Nada. Quando eu olhei de volta, ela não se debatia mais. Ela não esfregava mais as mãos sobre o peito. Pelo pescoço. Nenhum som. Nenhum movimento. Nada.

(Pausa.)

Foram segundos. Eu juro. Eu apenas me abaixei para recolher as peças do chão e...

(Pausa.)

Era a semana depois do meu sétimo Natal, mas ainda não era um novo ano. O quebra-cabeça tinha sido presente. Segundos. Quando eu olhei de volta, nenhum som. Nenhum movimento. Nada. Enquanto eu corria, eu apenas parei para recolher as peças e... Eu apenas me abaixei para recolher as pequenas peças azuis que completariam o quebra-cabeça. Que formariam o desenho. Quinhentas peças. Quase todas encaixadas: o quarto. Como um tapete, espalhado sobre o chão da sala: *O quarto de Van Gogh em Arles, 1888.*

(Pausa mais longa.)

Você pode levar as fotos, se quiser. Elas estão rasgadas, mas...

(Segura um punhado de pedaços.)

Eu contei que rasguei as fotos? Em uma tarde, o passado em pedaços. Todas as fotos picadas. As nossas.

As da infância. As da família.

(Segura outro pedaço na altura dos olhos. Reconhece o pedaço da imagem.)

As do jardim.

(Pausa mais longa, enquanto observa a foto e se recorda.)

Todas as tardes, o jardim.

(Pausa.)

Foi minha mãe quem tirou esta foto. Eu, no jardim.
Vestido e trança, sentada na grama.
Todas as tardes, o jardim. Todas as tardes, o jardim por horas.

(Pausa.)

Só depois de muito tempo foi que eu percebi.
Só depois de muito tempo eu percebi, Caio:
Sempre lagartas.

(Pausa.)

Sempre lagartas.

(Pausa.)

Foi aos poucos que as borboletas, que costumavam aparecer no jardim, começaram a desaparecer. Aos poucos.

Então, quando nenhuma mais apareceu, foi que eu percebi: eu era a culpada.

EU era a culpada!

Quando todo o jardim restou em silêncio, sem o bater de asas. Quando as flores ficaram abandonadas, à espera de pousos, foi que me dei conta: apenas lagartas. Ao rasgar os casulos que eu encontrava pelo jardim, antes da hora, eu matava as borboletas. Na minha mão, o pequeno graveto era a arma que interrompia a metamorfose.

(Pausa.)

Na minha mão, o pequeno graveto era uma arma que interrompia a metamorfose!

(Pausa mais longa.)

Você vai levar as fotos também, não vai?
Em uma tarde, eu rasguei quase todas as fotos e...

(Voltando para a porta.)

A gente não se esquece das coisas quando rasga as fotos, não é Caio? A gente não se esquece. Tudo pode ser picado em pedaços minúsculos, mas... As imagens continuam enormes dentro da gente.

(Pausa.)

Como é que a gente rasga o que tem na memória, Caio?
Como é que a gente faz pedacinhos de todos esses momentos que queremos esquecer?
A gente não se esquece das coisas quando rasga as fotos, não é?
A gente não se esquece das coisas.

(Pausa mais longa.)

Você não fala nada?
Por que você não fala nada?

(Pausa.)

Você quer entrar, não quer?
Foi por isso que você bateu.

(Pausa.)

Mas olha: está tudo igual por aqui. Quase tudo do mesmo jeito. Eu mudei pouca coisa. Flores. Fotos. Eu troquei a foto do porta-retratos porque não aguentava mais fazer as coisas com você me olhando. Com você me observando o dia todo do canto da sala. Então, eu troquei. A sua foto. Por uma da procissão. Cinco ou seis anos. Eu, anjo.

(Pausa.)

É preciso sentir os ferros.
É preciso sentir o arranhar dos ferros marcando as costas para que se avance.
É preciso ralar os joelhos em infinitas quedas durante o caminho, não é?
Só a dor traz o crescimento.

(Pausa.)

Eu não mexi em quase nada aqui dentro. Ainda! É o mesmo cenário, Caio. Do outro lado dessa porta, o mesmo cenário da última noite. Se você entrasse, agora, estaria tudo pronto:
Eu apenas abriria as cortinas para que você representasse o mesmo papel. Para que você me dissesse o mesmo texto. As mesmas frases ridículas. Para que você representasse a mesma cena, dormindo no sofá, antes de ir embora na manhã seguinte.

(Pausa.)

Nove passos.
Nove passos entre o quarto e a sala, mas uma distância tão grande.
Na última noite, eram quilômetros entre a gente.
Nove passos entre o quarto e a sala, mas...
Quilômetros, entre a gente.

(Pausa.)

O seu cheiro.
O seu cheiro ficou no sofá por alguns dias.
Você sabia, Caio? Que o seu cheiro ainda ficou no sofá por mais alguns dias?
A gente deixa rastros onde menos imagina.
Não há passos sem pegadas. Em tudo, a gente deixa rastros, mas... Eu tirei... O seu cheiro. Eu tirei o seu cheiro de todo o apartamento com aquele perfume.
O que você achava forte, lembra? No dia em que eu senti o seu cheiro no sofá, eu sai despejando o vidro daquele perfume pela casa.
Você sente? O cheiro?
Por que não fica de joelhos?
Porque não encosta a cabeça no tapete de limpar os pés e respira pelo vão da porta?
Você sente?

(Pausa.)

Só o ódio abre os nossos olhos, então.
No dia em que eu senti o seu cheiro no sofá, eu saí jogando o perfume pela casa. Tirando o seu cheiro de todas as coisas. Da cama. Dos travesseiros. De dentro do guarda-roupa. Das coisas dos armários. Do banheiro. Da louça. Eu despejei o perfume que você detestava até na louça. Em cima dos pratos. Na gaveta de talheres. Eu enchi os nossos copos com aquele cheiro. Você sente?

(Volta para a porta.)

Está sentindo, Caio? Eu troquei o cheiro que eu passei a detestar por um que você detestava.
Então, eu acho melhor você não entrar mais.
O seu cheiro. Ele pode voltar a contaminar esse apartamento. Ele pode voltar para os armários. Para os travesseiros. Almofadas. E eu tive tanto trabalho. Então, eu acho melhor você esperar do lado de fora. Eu devo ter, sim, uma caixa de papelão para colocar os seus livros. Foi, por isso, que você voltou, não foi?

(Pausa.)

Por que você voltou, Caio?

(Com sofrimento.)

Por que você voltou, de repente?
Era sozinha que eu deveria ficar, não era? Era sozinha que eu deveria ficar no final dessa história. Então, por que você voltou? Por que você veio bater nesta porta?
Por quê?

(Pausa. Acaricia a porta.)

Vá embora.

(Acariciando a porta.)

Vá embora, Caio.
É sozinha que eu devo ficar, não é?

(Pausa.)

Se é sozinha que eu devo ficar, então... Por que perder tempo?
Se nós dois já sabemos como tudo deve acabar. Por que, então, perder tempo?

(Deixando a porta.)

É perda de tempo, Caio.
Tudo acontecendo, agora, e a gente aqui. Perdendo tempo. Com a nossa história parada. A tecla de pausa apertada. Sem avançar nem retroceder.

(No meio da sala.)

Tanta coisa acontecendo, agora, no mundo dos outros e...
E o nosso, aqui, parado.

(Pausa longa.)

Você ouve?

(Pausa.)

Ouça, Caio.

(Pausa.)

Ouça.

(Pausa, antes de tudo ser dito rapidamente.)

A menina nasceu. Agora.
Choro da mãe misturado ao da criança.
Ouça, Caio. Ouça. A freada.
Dois carros bateram no cruzamento. Agora. Sinal vermelho ignorado por um deles.
Nesse minuto.
Ouça.
A mulher disse "aceito" em frente ao altar. Arroz jogado sobre a cabeça na porta da igreja. Agora. O homem morreu na maca da ambulância. Infarto a caminho do hospital. Agora. Os amigos cheiraram cocaína dentro do carro. Pó no cartão de crédito. Alta velocidade. Agora. A adolescente matou o que seria o primeiro filho. Pernas abertas para a agulha de tricô. Nesse minuto. Tudo acontecendo, e nós aqui. Com a nossa história estacionada. A tecla de pausa apertada. Perdendo nosso tempo. Agora. O marido traiu pela primeira vez. Secretária na cama redonda refletida no espelho do teto. O garoto contou em casa que é gay. Roxo deixado no rosto pelo soco do pai. O homem atirou no meio da rua. Vingança nas costas do outro, caído sobre a calçada. Agora. O escritor terminou o romance. 182 páginas. Desencontro no último capítulo. A cantora encerrou mais um show. Aplausos bêbados

no bar decadente. Agora. Os créditos do filme começaram a subir. Mão sobre o joelho da moça no escuro do cinema. Nesse minuto.

Ouça, Caio.

Na esquina, o velho buzina. Prostituta tingida encostada no carro. Na banheira, a jovem prepara a gilete. Corte no pulso esquerdo. Sangue na espuma branca. Agora. Tudo acontecendo, e a nossa história parada. Sem avançar nem retroceder.

Ouça.

Entre a música alta, as meninas se beijam. Medo perdido no meio das luzes coloridas. Na boate, o garoto dança. Notas dentro da sunga. Proposta no fim do show. Na esquina, a mulher de vidro aberto. Talão de cheques e fotos dos filhos nas mãos do menino bandido. Que foge. Agora. Tanta coisa acontecendo no mundo dos outros e...

(Pausa.)

A atriz esqueceu o texto. Desdêmona muda em cima do palco. Agora. Nesse minuto. A menina se assustou com o quente. Vermelho escorrido pelas coxas. Adulta de repente. Agora.

Você ouve, Caio?

No apartamento vazio, o telefone toca para ninguém. Recado desesperado na secretária eletrônica. Agora.

Tudo acontecendo, agora, e a gente aqui. Perdendo tempo. Com a nossa história parada. A tecla de pausa apertada. Sem avançar nem retroceder.

Ouça, Caio.

Ouça.

O gemido.

Debaixo das cobertas, o prazer escondido. A descoberta do corpo no escuro do quarto pelo menino. Agora.

No meio da sala, os pais se separam. Objetos quebrados. Livros divididos. Agora. Na festa, o primeiro beijo. Na praia, os pés na água fria. Da janela do avião, o adeus. Agora. No silêncio da noite, a primeira frase de um livro. *Certa manhã, ao despertar de sonhos inquietantes, Gregor Samsa deu por si na cama, transformado num gigantesco inseto.* Agora. Tudo acontecendo no mundo dos outros e a nossa história aqui. Parada. Sem avançar, nem retroceder.

Parada.

(Pausa.)

Um homem bate à porta.

Agora.

Ouça.

Nesse minuto, um homem bate à porta.

Um homem que foi embora volta para bater à porta de uma mulher.

Agora.

Um homem que foi embora volta para bater à porta de uma mulher que ficou sozinha.

De uma mulher que morre aos poucos pela ausência dele.

Agora.
Ouça.

(Pausa.)

Por que aos poucos?
Por que matar aos poucos?
Por que matar essa mulher aos poucos?

(Pausa.)

Por que não acabar com isso de uma vez?
Agora.
Por que não acabar com isso, agora?

(Pausa.)

Por que você não mira direito? Não faz como os outros? Para. Fecha os olhos. Respira. Abre de novo e mira. Por que não treina essa sua pontaria? Sua precisão. Por que você não aprende com os outros atiradores? Ensaia. Exercita. Por que não lança suas facas no alvo de madeira? No tronco de uma árvore. Em uma maçã. Por que não desiste de me manter girando? Rodando, aqui, amarrada? Refém da sua diversão. Por que você não ouve o meu pedido e encerra logo esse número ridículo? Por que você não mira direito, Caio? Por que não acerta de vez o meio do peito de quem cansou de ser a atração principal do seu circo?

(Pausa.)

Agora.
Ouça.
Um homem bate à porta de uma mulher que morre aos poucos, todos os dias.

(Pausa.)

Um homem bate à porta de uma mulher que sempre se sentiu forte, mas que morre aos poucos a cada dia.

(Pausa.)

Eu era forte?
Eu nunca fui forte!
Eu me arrebentei, assim, porque o nó era fraco. Frouxo. Mal dado. Eu afundei, em segundos, porque no meu casco havia um buraco milimétrico por onde o mar entrou, aos poucos. Inteiro. Eu caí com o primeiro vento porque não havia tijolos. Eu era construção mal feita. Erguida na pressa. Madeira com pregos mal batidos. Fachada. Eu derreti ao sol porque era de plástico. Sumi no sopro porque era pó. Eu me quebrei na primeira queda porque, por dentro, não havia mais nada. Eu me sentia forte, sem saber que já era oca. Eu me sentia forte, Caio, sem saber que sempre fui oca.

(Pausa.)

Você ouve?

(Pausa.)

Ouça: um homem bate à porta. Agora.
Um homem bate à porta de uma mulher que morre aos poucos, a cada dia, desde que ele foi embora. Ouça. Nesse minuto, um homem bate à porta de uma mulher que rasgou as fotos. Que riscou os discos. Que atirou objetos contra a parede. De uma mulher que se encolhe na febre durante todas as madrugadas. Que engole comprimidos em punhados. De uma mulher que vomita.
Agora.
Uma mulher vomita.
Um homem bate à porta de uma mulher que abre as janelas todos os dias para não morrer no escuro do apartamento. Para não mofar sozinha como ele gostaria.
É preciso abrir as janelas, não é Caio?
É preciso deixar que pelo menos um filete de sol passeie pelo apartamento, todos os dias. É preciso de pelo menos um raio milimétrico de luz para que a planta não morra. Mais do que encharcar a terra com água, correndo o risco de apodrecer o broto, é preciso abrir as janelas, não é?

(Pausa mais longa.)

Você ouve?

(Pausa.)

Ouça, Caio.

Agora.

Uma batida. E outra. E mais uma.

Um homem bate à porta de uma mulher que, finalmente, está como ele sempre quis.

(Pausa.)

Eu me rasguei assim, no arame farpado. Na cerca que sempre lhe protegeu. Eu me cortei assim, tentando chegar até você. Eu me machuquei na travessia, com o fio que me talhou. Aço. Navalha. Foram as pontas espalhadas por ele que me abriram. Espinhos. Eu me rasguei assim, sem querer. No caminho. E agora estou pronta. E agora estou, finalmente, pronta: você já pode me dissecar, como sempre quis. Você já pode me esmiuçar, como sempre desejou. Finalmente, você pode me enxergar por dentro.

(Pausa.)

Agora.

(Pausa.)

Um homem que foi embora volta, de repente, e bate à porta de uma mulher.

Com a mão fechada em forma de soco, ele chama: abra.

Abra.

(Caminhando para a porta.)

Luísa, abra.
A porta.

(Pausa.
Parada de frente para a porta, segura a maçaneta.)

Abra.
Abra, dizem as batidas.
Uma.
E outra.
E mais uma:
Luísa, abra a porta.
Abra essa porta.

(Pausa muito longa. A mão continua na maçaneta.)

Abro.
Eu abro.

(Pausa.)

Eu vou abrir, Caio. A porta.

(Pausa.)

É isso que você quer, não é? É por isso que você bate. Eu vou abrir, então. A porta.

(Pausa.)

Eu vou abrir, mas...

(Pausa.)

É o mesmo cenário. Eu mudei pouca coisa aqui dentro. Ainda. Eu mudei pouca coisa.
Flores. Fotos.

(Deixando a porta.)

Você já me viu com a roupa da procissão?
Você já me viu vestida para a procissão, Caio?

(Sorri.)

Cinco ou seis anos.
Um anjo.

(Pausa, ainda sorrindo.)

Um anjo.

(Pausa.)

Eles não sabiam de nada.
Eu não pedi. As asas.
Eu não pedi.

(Pausa.)

Então, por que até hoje? Então, por que até hoje essas asas nas minhas costas?
Por que ainda não arrancaram essas malditas asas de mim?
Esses ferros entrando na pele. Machucando as costas.

(Pausa mais longa.)

A única foto que ficou inteira:
Eu, anjo.
É preciso rasgar também essa foto, não é?
É preciso fazer pedacinhos dessa menina, não é?
É preciso acabar com esse anjo.
É preciso acabar com esse anjo, mas.

(Pausa.)

A gente não se esquece.
A gente não se esquece das coisas quando rasga as fotos.
A gente não se esquece das coisas quando rasga as fotos, não é Caio?

(Pausa.)

Como é que a gente rasga o que tem na memória?
Como é que a gente rasga para sempre o que tem na memória?

(Pausa longa, até lembrar tudo rapidamente.)

A reza.
A reza que não acaba.
O tropeço na barra mais longa.
A vela queimando as mãos.
O rosto sofredor.
A santa xingada pelo canto da boca.
Maldita.
Eu, um anjo.
A barba roçando meus peitos.
A mão áspera por debaixo do vestido.
As flores.
Ele queria flores brancas, lembra?
A língua na minha orelha.
O cheiro da bebida.
O aperto no sofá.
Sente aqui, meu anjo.
Sente.
Aqui.
O suor.
Sente.
O gozo.
Aqui.
As lágrimas.
Vai ser rápido, meu anjo.
Vai ser rápido.
Meu anjo.
Segundos.

Foram segundos e...
O espaço no quebra-cabeça.
O baque no chão da cozinha.
As peças espalhadas pelo piso.
Segundos e...
Nenhum som.
Nenhum gemido.
Nada.
Segundos e...
Como um tapete sobre o chão da sala.
Quinhentas peças encaixadas.
O quarto de Van Gogh em Arles, 1888.
A cama no canto.
A janela entreaberta.
Os botões despetalados.
A capa que guardava o cheiro de todas as chuvas e...
O olhar.
A paisagem borrada do lado de fora. O trem entre as duas cidades. O gesto quase imperceptível. O vagão balançando nas curvas. O olhar.
O olhar retribuído e...
A vida para sempre mudada.
O olhar retribuído e a vida para sempre mudada.

(Pausa.)

Era só desviar os olhos.

(Pausa.)

Era só baixar os olhos ou olhar a paisagem correndo do lado de fora. As cores se misturando. O borrão em alta velocidade. Era só desviar os olhos e...

(Pausa.)

Nada.
Não haveria batidas.
Nada.
Era só desviar os olhos e...
Silêncio.
Agora.

(Pausa.)

Ouça, Caio.
O silêncio.

(Pausa.)

As cores se misturando. O borrão em alta velocidade. Era só desviar os olhos mas... O gesto. Eu retribuí. Eu retribuí aquele olhar, então.
Ouça.
As batidas.
Você ouve, Caio? As batidas? Agora?
Um homem volta de repente para bater à porta de uma mulher que morre aos poucos. De uma mulher que morre aos poucos desde que levantou os olhos.
Desde que retribuiu aquele olhar.

(Pausa.)

É no primeiro dia que a separação começa.
É no primeiro encontro que o amor começa a morrer.
É no primeiro dia que caminhamos o primeiro centímetro até.

(Pausa.)

Quilômetros.
Na última noite, eram quilômetros entre a gente.
A janela aberta. A cidade muda. A luz da rua fazendo sombras nas paredes. Seu sono no sofá, na última noite.

(Pausa.)

Nove passos entre o quarto e a sala, mas...
Quilômetros.
Na última noite, eram quilômetros entre a gente.
Quilômetros.
Como hoje.

(Vai até a porta. Encosta nela.)

Uma porta.
Apenas uma porta nos separa, mas...
Apenas centímetros de madeira entre o seu o corpo e o meu, mas...
Ainda são os mesmos quilômetros.

A infinita distância que nos separa.

(Pausa.)

É no primeiro dia. É no primeiro dia que caminhamos o primeiro centímetro dessa distância imensa que marca os finais. É no primeiro dia que caminhamos o primeiro centímetro dessa distância que marca todos os finais.

(Pausa mais longa.)

Agora.
Luísa, abra.

(Pausa.)

Luísa, abra a porta, dizem as batidas, agora.

(Pausa.)

Um homem volta para bater à porta de uma mulher que morre aos poucos.
Por quê?
Por que matar aos poucos? Por quê?

(Pausa.)

O graveto.

(Pausa.)

    O graveto, Caio.
    Por que você não segura com força?

(Pausa.)

    Por que você não segura com força esse graveto?
    Por que não segura direito esse pedaço de galho? Essa ponta de árvore? Esse resto de planta, que encontrou pelo jardim?

(Pausa.)

    Sempre lagartas.

(Pausa.)

    Por que você não rasga de uma vez?
    Por que você não rasga esse casulo de uma vez?

(Pausa.)

    É assim que se mata.

(Pausa.)

    Rasgue, Caio.
    Segure o graveto com força e rasgue.
    É assim que se mata.

É assim que se atrofiam as asas.
É assim que se interrompe a metamorfose.
Que se mata de uma vez.
É assim que se mata de uma vez o que apenas cresceria para voar.

(Pausa mais longa.)

Se você não for matar de vez, então...
Então, pare!

(Com sofrimento.)

Pare, Caio!
Por favor!

(Luísa, tapa os ouvidos.)

Se for para continuar me matando aos poucos, então, pare!
Por favor.
Pare!

(Pausa.)

Eu abro.

(Pausa.
Indo para a porta.)

Eu abro, mas. Pare de bater!
Eu não aguento mais!
Eu não aguento mais, Caio!

(Ajoelhada em frente à porta.)

Está me ouvindo?

(Pausa.)

Por que você não fala nada?
Por que você não fala nada?

(Pausa.)

Por que você voltou, então?

(Chora.)

Por quê, Caio?
O mesmo ritmo.
O mesmo intervalo entre as batidas.
Por que você não para?

(Tapando os ouvidos com força, em desespero.)

Por que você não para de bater nessa porta?

(Pausa.)

Todos os dias.
O mesmo ritmo.
Os mesmos intervalos entre as batidas.
Todos os dias, Caio!
O dia inteiro, desde que foi embora.
Todos os dias, essas batidas, o dia inteiro.
No mesmo ritmo.
Com o mesmo intervalo.
Abra!
Luísa, abra!

(Dando socos na porta.)

Todos os dias você me chamando.
Todos os dias você querendo entrar, mas...
Eu não tive tempo.

(Sobe o som de uma música.)

Eu não tive tempo de arrumar suas coisas, então eu acho melhor você parar de bater nessa porta. Então eu acho melhor você parar de bater nessa porta.

(Som mais alto, enquanto Luísa continua repetindo a mesma frase.)

Por que você não para?
Por que você não para de bater?

(Luz apenas na porta, enquanto Luísa chora.

A voz sumindo aos poucos, entre a música cada vez mais alta.)

    Por que você não para de bater nessa porta?
    Por que você não para?
    Por quê?

(A porta permanece fechada.
Blecaute.)

O encontro

Loreana Valentini

Personagens

Marshall/ René Descartes
Niels/Thomas Hobbes
Hayden/Blaise Pascal
Kaleb/ Pierre Gassendi
Sagan/Antoine Arnauld
Cory – diretora
Shane – escritor
Judy – garçonete

(Um café em Paris, 1647. A mobília no palco é precária. Apenas algumas cadeiras e duas mesas espalhadas. Uma moça com um traje de época de garçonete – mas calçada com tênis – encontra-se arrumando uma mesa. Descartes, trajando roupas de época, com sua inseparável espada e capa, entra em cena.)

DESCARTES – Ah, nada como os cafés da França, não Judy?
JUDY (cumprimentando-o com uma reverência) – *Monsieur...* é bom revê-lo! Por favor, fique à vontade.

(Judy deixa o palco.)

DESCARTES – Sim, Judy... é bom estar de volta... penso eu. Só não sei se foi uma boa escolha, marcar nosso encontro aqui. (Ele olha ao arredor) E pelo jeito, sou o primeiro a chegar. Como é usual.

(A garçonete reaparece no palco.)

JUDY – Posso lhe trazer algo, *Monsieur* Descartes?
DESCARTES (sentando-se) – Não se preocupe, Judy. Estou aguardando alguns amigos...

HOBBES (entrando em cena) – E não é que você realmente chegou antes de todos?

(Como Descartes, Hobbes veste roupas de época, mas é possível perceber roupas normais sob aquelas. Descartes se levanta e cumprimenta Hobbes. Judy retira-se do palco.)

DESCARTES – Thomas! É um enorme prazer vê-lo aqui!
HOBBES – É sua terra, René! Evidente que não compartilho em total plenitude esse prazer!
DESCARTES – É assim que corresponde para aqueles que lhe deram abrigo? E pior, nem sequer nos cumprimentamos... e você já demonstra ser inconveniente!
HOBBES – Eu? Inconveniente? Só por que revelei meus sentimentos em relação a estar longe de casa?
DESCARTES – Saudades é diferente da ironia, Thomas!
HOBBES – Ah, por Deus, René! Que espécie de animal te mordeu?
DESCARTES – Ah! Que tal os fanáticos de Leiden? Aqueles teólogos estúpidos da faculdade holandesa...
HOBBES – E o que você esperava? Não creio que acreditou que poderia ser diferente!
DESCARTES – Estamos em 1647, Thomas! 1647 depois da graça de nosso Senhor Jesus Cristo. É um tempo de mudanças! Não esperava ser condenado por eles... Veja só, eu, que provei a existência de Deus... fui considerado um herético!

HOBBES (rindo) – Talvez tenha sido condenado justamente por isso, René!

DESCARTES – Isso é outra...

GASSENDI (entrando em cena. Também veste trajes de época em cima de trajes normais) – Renatus! Thomas! Que privilégio unir-me a vocês!

HOBBES – Salve, Pierre!

DESCARTES – Os outros não vêm?

ARNAULD (entrando em cena; roupas de época e sobretudo informal) – Estamos aqui, Renatus!

PASCAL (entrando em cena; roupas de época e sobretudo informal) – Conseguimos chegar.

HOBBES – Conseguiram chegar? Alguém tentou impedi-los?

PASCAL – Nos deparamos com a realeza... Sabem, uma comitiva de grandes proporções.

ARNAULD – Luis XIV. Certamente, ele não é nada modesto.

HOBBES (sarcástico) – Ouso dizer que ele já demonstrou para que veio!

DESCARTES – Você deveria estar acostumado, Thomas. Afinal, seu país venera seu rei, não?

HOBBES – Qual deles? Charles ou Cromwell?

PASCAL (sem compreender) – Oliver Cromwell, rei da Inglaterra?

DESCARTES (sentando-se) – Não viemos aqui discutir política, e, sim, filosofia! Precisamente, minha condenação em Leiden...

PASCAL – Isso realmente foi de um absurdo sem proporções!

ARNAULD – Ah, meu prezado amigo... um encontro não obedece regras estritas! Não ficaremos apenas em um tópico de discussão! Conheço bem a natureza e a ansiedade humanas!

JUDY (aproximando-se) – Os senhores desejam algo?

GASSENDI (encarando a moça) – Vinho! E você, Blaise?

PASCAL – Vou me abster, Antoine. Nesses últimos dias, como você bem sabe, não tenho me sentindo muito bem; o que, no meu caso, é praxe. Mas diga-me, Thomas... as notícias de sua terra são perturbadoras.

HOBBES – E por que acha que estou aqui? Porque ansiava estudar por essas redondezas, como nosso grande amigo... (aponta Descartes) faz, quando anda pelo mundo? Não, rapaz... fui exilado e concordei logo em deixar a Inglaterra, porque...

VOZ VINDA DA PLATEIA – *Bretanha*, Niels! *Bretanha!*

(Uma moça se aproxima do palco.)

NIELS/HOBBES – Como é, Cory?

(Cory sobe os degraus e atinge o palco.)

CORY – Naquela época, o usual era referir-se à Inglaterra como Bretanha! Já te alertei disso!

NIELS/HOBBES – Ah, que diferença faz? Inglaterra, Bretanha, Reino Unido! Ninguém pode dizer como as coisas aconteceram! Se dissermos, por exemplo, que Luis XIV fazia sexo com Maria Tereza em meio ao jantar, quem iria nos desacreditar?

voz do fundo da plateia (tom alto) – Eu! Por tudo o que é sagrado, eu!

(Um homem também se aproxima do palco.)

homem – Cory, pode me dizer o que está acontecendo? *Isso* aí (ele aponta o palco) não tem nada a ver com que escrevi!
niels/hobbes (em tom baixo) – Ihhh! Justo quem *não* deveria estar aqui... Você sabe quem o deixou entrar, Marshall?
marshall/descartes – Cara, que mico! A Cory estava conseguindo despistá-lo...
niels/hobbes – Isso não ia durar para sempre! Uma hora, ele ia acabar vindo aos ensaios!
hayden/pascal – Mas não seria certo impedir o cara para sempre!
marshall/descartes – Não, Hayden, não seria. Mas preferia que ele não soubesse o que estamos ensaiando.
sagan/arnauld – Pior seria se ele descobrisse apenas na estreia!
niels/hobbes – Sagan, acha *mesmo* que Shane acreditou que seu texto não sofreria alterações?
shane (para todos, subindo as escadas e atingindo o palco) – Vocês ficam aí, conversando entre si... acreditando que não estou percebendo ou ouvindo! Claro que imaginei que o texto sofreria alterações! Isso acontece! Mas até agora, não *vi*... o certo seria dizer *ouvi*... meu texto! Eu *não* escrevi *nada* disso! Para

começar, minha peça começa no quarto de Descartes, na Suécia, e não no Café em Paris!
CORY (aproximando-se de Shane, dobrando o texto) — Pois é, Shane... Eu omiti para você...
SHANE — Omitiu? *Mentiu*, isso sim!
CORY — Corta essa, Shane! Você bem sabe que não daria certo ensaiarmos como pretendia!
SHANE — E por que não?
KALEB/GASSENDI — Que tal a alegação de que hoje em dia, poucos se interessam por teatro e menos pessoas ainda, por filosofia? Daí, diria que uma peça filosófica, vai *assustar* as pessoas!
SHANE (para Kaleb) — Kaleb, guarde suas opiniões para si próprio!
NIELS/HOBBES — Pior que é verdade, Shane. Colocar em cena cinco "cabeças" conversando... quero dizer... essas caras eram muito além de um mero mortal. A maioria já ouviu falar de Descartes e de Thomas Hobbes. Só o papo desses dois, já seria complicado acompanhar! Aí você piora, colocando mais três matemáticos juntos!
SHANE — Será que vocês não entendem? Esse encontro *realmente* aconteceu! Quero retratar um momento histórico! Meus diálogos... não essas *porcarias* que estão *vomitando* aqui, são inteligentes, bem estruturados e explicativos! Para dar maior realidade, inseri frases dos próprios personagens!
NIELS/HOBBES — Hahahaha! Até parece que alguém na plateia vai saber disso...! E desculpe, Shane...

você está mais para um professor didático do que um dramaturgo!

CORY – Niels, dá um tempo!

SHANE – Acredita realmente nisso, Niels?

NIELS/HOBBES – Não é questão de acreditar ou não, Shane. É a de ser realista! (Aproxima-se de Shane) Cara, em que planeta você vive? Acorda, meu! Já está mais do que na hora! Você, tão metido a intelectual... não lê jornais?

SHANE – O que isso tem a ver?

SAGAN/ARNAULD – É verdade, Niels. O que tem a ver?

NIELS/HOBBES – Tem a ver como estamos... culturalmente falando. É disso que se trata!

CORY – Ah! Você não vai querer ir por esse caminho agora, Niels! Não no *meio* do ensaio!

NIELS/HOBBES – Seria inteligente discutirmos isso. Afinal, desde que decidimos encenar essa peça, não definimos nossas posições.

MARSHALL/DESCARTES – Como não? Todos nós concordamos em levar o texto de Shane aos palcos!

SHANE – Não o *meu* texto! Por esse *aí*... (ele aponta o *script* de Cory) *não* me responsabilizo! E pensar que estou em um país que respeita o texto de autor...

CORY – Pode não se responsabilizar, Shane, mas os créditos serão seus, nem que tenha de constar "texto baseado na obra de...".

NIELS/HOBBES – Não estou questionando a autoria de Shane. Conheço o trabalho dele, e sei que é bom. O problema é... o povo está preparado para algo assim? Mesmo esse texto adaptado? Seremos compreendidos? Vou dizer o que penso: o mundo todo está em franca decadência, tratando-se de cultura!

SAGAN/ARNAULD – Nooooossa! Tenho a mesma opinião, mas desde que surgiu o tal do "descontrutivismo"! (Irônico) A partir do momento que começou a se destruir tudo o que entendemos por arte!

CORY – Tá ok, Sagan! Entendo o que quer dizer, mas é melhor você se referir à arte moderna!

SHANE (irritado) – Arte moderna!

MARSHALL/DESCARTES – Nisso, eu concordo!

HAYDEN/PASCAL – Modernismo, descontrutivismo... ignorância geral e *trash cultural* na cabeça! Exatamente, por isso sugeri fazer esse texto com algum tipo de apelação! Poderíamos fazer Descartes homossexual, apaixonado por um jovem e...

MARSHALL/DESCARTES (tom alto) – Ficou louco? De onde tirou essa ideia?

SHANE (atônito) –*Descartes homossexual?*

HAYDEN/PASCAL – *Tá*, exagerei! Mas... sério... não seria interessante uma peça que falasse do lado humano desses caras?

SHANE (sarcástico) – Lado humano? *Cretino!* E desde quando, esse *insulto* que você *cogitou* em falar de Descartes é *lado humano?* (Indignado) Eu não sei *por que* essa tendência atual de fazer com que todos os grandes homens do pensamento eram *gays*! Ou de criarem situações vexatórias para eles!

SAGAN/ARNAULD (provocando) – E o que você poderia me dizer de Descartes?

SHANE (irritado) – Com toda a certeza, ele *não* era gay! Ele podia ser indiferente ao sexo, mas NÃO ERA gay!

MARSHALL/DESCARTES (rindo) – *Esse* Descartes *aqui*, não é nem um pouco indiferente ao sexo, graças a Deus! Mas diferentemente das ideias de Hayden, eu gosto é de mulher!

NIELS/HOBBES – É verdade... E meu personagem? Nunca pensei nessas coisas. Eu sei que Hobbes era irreverente, sarcástico...

CORY – Pessoaaaal! Vamos retomar o ensaio?

SHANE – Está falando sério, Cory?

CORY – Claro. Acreditou que iria desistir?

SHANE – O que você fez? Não foram *apenas* alterações de texto... Não tem nada de minha autoria, até agora!

CORY – Ok, Shane... já que quer tanto ouvir... Eu reescrevi tudo.

SHANE – Tudo?

CORY – Não vai ser uma peça sobre filosofia... é uma peça de homens que interpretam filósofos, e que se perguntam a importância do legado desses últimos.

(Pausa. Silêncio. Os atores se entreolham.)

SHANE (aproximando-se de Cory e pegando-a pelo braço. Ele se dirige ao elenco) – Vocês podem ir treinando, se quiserem. Eu preciso ter uma conversa particular com essa moça!

(Eles deixam o palco.)

HAYDEN/PASCAL – Uuuau! Não sabia que a coisa era tão séria assim! Vejam só, "a importância do legado desses últimos!"

MARSHALL/DESCARTES – Pode não parecer, Hayden, mas poucos sabem que a concepção de um Estado moderno surgiu com homens como Hobbes...

NIELS/HOBBES – Claro, sei que sou o máximo!

KALEB/GASSENDI – Deixa de ser besta, Niels!

NIELS/HOBBES – Ah, já que você é tão espertinho, por acaso sabe o que Marshall quis dizer?

KALEB/GASSENDI – Evidente! Hobbes atravessou um dos maiores acontecimentos ingleses... a queda da monarquia. Ele viu monarquistas e parlamentares se confrontarem em uma guerra sangrenta, ferrenha...

HAYDEN/PASCAL – Ora, ele não estava na França?

MARSHALL/DESCARTES – Antes de ir, sua besta! Aliás, ele foi exilado, exatamente porque era favorável aos monarquistas.

HAYDEN/PASCAL – Ah! Então, ele era monarquista! Mas não li isso no texto de Shane.

MARSHALL/DESCARTES – Shane se ateve aos aspectos filosóficos, não práticos. Ele disse que Hobbes era adepto à ordem e, para ele, a ordem era a monarquia, talvez por estar intimamente ligado à realeza. Não podemos esquecer que Hobbes foi preceptor de um conde, o que o aproximou muito da elite intelectual e também da realeza. Quando o parlamento inglês permitiu a restauração da monarquia, ele foi professor de matemática do futuro rei Carlos II.

SAGAN/ARNAULD – Eu li um pouco a respeito desses caras. Mas li porque ia fazer essa peça, sabem? Confesso que, até então, não tinha me ligado na existência deles.

HAYDEN/PASCAL – Pois é. Estou acostumado a atuar em peças com conflitos mais intensos, com argumentos mais fortes...

SAGAN/ARNAULD – Fortes? *Levianos, sujos* seriam termos mais precisos.

HAYDEN/PASCAL – *Corta, essa, Sagan!* Todo ator de teatro quer atuar onde há visibilidade!

SAGAN/ARNAULD – De fato! Foi por isso que você sugeriu uma reinvenção de Descartes, não? Quase matou Shane! (Rindo) Vocês viram a expressão dele?

MARSHALL/DESCARTES – Não apenas ele! Também recuso essa ideia idiota!

HAYDEN/PASCAL – Muito bem... Agora, sério... vocês acreditam mesmo que essa peça fará algum sucesso de público? Quem está interessado em assistir homens modernos interpretando filósofos?

MARSHALL/DESCARTES – Evidentemente que uma elite.

NIELS/HOBBES – Era isso que tentei dizer lá trás! Estamos culturalmente mais pobres. Sabiam que, recentemente, li em um jornal de que em cada cinco americanos, um pensa que o Sol gira em torno da Terra?

(Silêncio, seguido por risos.)

MARSHALL/DESCARTES – *Esse* aí nunca deve ter ouvido falar de Galileu!
NIELS/HOBBES – Vocês riem? Era caso de chorar!
MARSHALL/DESCARTES – Tá, dou risada, mas faço minha parte, Niels. Por que outra razão acha que aceitei esse papel?
NIELS/HOBBES – Pensei que gostasse de Descartes.
MARSHALL/DESCARETES – E gosto. Mas como intelectual, aprecio mais o seu personagem, se quer saber. Principalmente porque ele foi o primeiro grande materialista.
KALEB/GASSENDI – Ah é?
SAGAN/ARNAULD – Disso não sabia!
MARSHALL/DESCARTES – E ainda assim, você diz que leu sobre eles!
SAGAN/ARNAULD – Li, sim!
MARSHALL/DESCARTES – E que livro foi?
SAGAN/ARNAULD – *Filosofia Iniciante para Jovens Desocupados.*

(Risos.)

MARSHALL/DESCARTES – Não seria "crianças", não?
NIELS/HOBBES – Ai, pobre Antoine Aranuld... ser interpretado por essa besta...
SAGAN/ARNAULD (aproximando-se de Niels, ameaçadoramente) – *Quem* é besta?
KALEB/GASSENDI (apartando-os) – Ei, pessoal, que é isso!

MARSHALL/DESCARTES – Sem ofensas, Sagan... Mas você não vai encontrar profundidade em livrinhos assim.

HAYDEN/PASCAL (intrometendo-se) – E o que é materialismo? Agora, *eu* quero saber!

MARSHALL/DESCARTES – Muito bem... vocês querem ouvir?

KALEB/GASSENDI – Vai nessa!

MARSHALL/DESCARTES (tirando a capa e a espada. Ele as coloca sobre a mesa; em seguida, aproxima-se da coxia. Dali, apanha sua mochila, de onde retira um livro) – Não é muito complexo. Pensem na época... 1647. As pessoas já presenciaram a revolução propagada de Lutero; o Império Católico percebe estar perdendo poder dia após dia...

NIELS/HOBBES – Não concordo muito com essa história de "Império Católico"

MARSHALL/DESCARTES – Que seja! Mas é notório que a Igreja exercia imenso poder. (Ele abre o livro e o folheia) Ai de quem negasse a existência de Deus! A tortura ainda era praticada sem remorso, especialmente nos heréticos. Galileu já fora ameaçado e calado pela Igreja; era a obediência ou a tortura. Descartes desiste de publicar seu *Tratado do Mundo*, onde menciona a teoria heliocêntrica. Foi nesse ambiente de apreensão que Hobbes surge com uma filosofia completamente materialista. Segundo ele: "*O Universo, que é a massa total de coisas que há, é corpóreo, isto é, um corpo; e tem as dimensões de magnitude, a saber, comprimento, largura e profundidade.*

Também cada parte do corpo é igualmente corpo, e tem as mesmas dimensões. E, por conseguinte, cada parte do universo é corpo, e o que não é corpo, não é parte do universo. E como o Universo é tudo, o que não faz parte dele não existe em lugar nenhum."

(Silêncio.)

HAYDEN/PASCAL – Cara... é por isso que nunca curti filosofia! Que porcaria é essa que ele disse?
KALEB/GASSENDI – Desse jeito, Hayden, nem seria legal você interpretar Pascal!
MARSHALL/DESCARTES – Sou da mesma opinião.
HAYDEN/PASCAL – Uma coisa não tem nada a ver com outra! Sou pago para ler e interpretar; nada mais!
NIELS/HOBBES – Nem fazendo um personagem histórico atiça sua curiosidade?
HAYDEN/PASCAL – E por que atiçaria? O cara morreu a trocentos séculos. Pra que ficar me preocupando com o que ele disse?
MARSHALL/DESCARTES – Pascal morreu em 1662, Hayden.
HAYDEN/PASCAL – E daí? O que ele fez de tão importante? Inventou algo útil?
SAGAN/ARNAULD (rindo) – Se bem que no seu caso, útil seria eufemismo! No que tange a *lixo cultural*, Hayden... você bem que adora! É realmente incompreensível você ter sido escalado para uma peça dessas!
HAYDEN/PASCAL (para Sagan) – Olha quem fala! O idiota que lê livrinhos para jovens desocupados! Até

parece que você é o suprassumo da cultura! Você não tá muito melhor do que eu, Sagan!

SAGAN/ARNAULD – Pelo menos, não fico ligado em filmes ou peças *trash* como você!

HAYDEN/PASCAL – Chega desse papo! Vamos voltar ao que interessa! Quero saber que esse cara aí... o tal de Pascal... fez!

MARSHALL/DESCARTES – "O coração tem razões que a própria razão desconhece." Que tal?

(Pausa.)

HAYDEN/PASCAL – E aí? O que isso quer dizer?

MARSHALL/DESCARTES – Eu, hein? Que mente fechada!

KALEB/GASSENDI – Até eu, que não sou um *expert*, sei!

HAYDEN/PASCAL – Então, me diz logo, pô!

KALEB/GASSENDI – Ele sintetizou toda sua filosofia nessa frase, Hayden. Como se fosse um ponto de equilíbrio entre o raciocínio lógico e a emoção. Sem contar que ele criou a *pascalina*, a primeira máquina de somar.

HAYDEN/PASCAL – Uma máquina de calcular? Imagino como seria; uma máquina naquela época! Quanto a essa frase... é apenas uma ideia! Mas a história não é feita de ideias! (Ele vai até a mesa onde está a capa e a espada de Descartes. Apanhando a espada, coloca-se em guarda) A história é feita de guerras! Não sou um cara de livros, mas sei que a guerra e o homem são inseparáveis!

NIELS/HOBBES – Isso é uma verdade. Aliás, foi com esse tópico que começamos a peça... versão Cory! O diálogo em que Hobbes revela ter deixado a Inglaterra.

HAYDEN/PASCAL (guardando a espada) – Sim. Mas o texto de Shane...

SAGAN/ARNAULD – Você quer dizer de Cory...

HAYDEN/PASCAL – É, o da Cory! Ela não revela direito essa história. O tal do Cromel se tornou rei, afinal?

MARSHALL/DESCARTES – Oliver *Cromwell*, Hayden! *Cromwell!*

HAYDEN/PASCAL – Ai, tanto faz!

NIELS/HOBBES – Tanto faz uma ova! Pronunciar o nome de Cromwell errado, é mostrar um alto grau de ignorância!

MARSHALL/DESCARTES – E, se está tão interessado em saber, Cromwell não se tornou rei, mas, sim, Lorde Protetor da Inglaterra.

NIELS/HOBBES – Da Escócia e da Irlanda. O que, aos olhos de Hobbes, não foi pouco. Uma mera classificação, não camuflou a percepção da realidade, Marshall. Não há como negar que Cromwell teve poderes plenos, ditatoriais.

MARSHALL/DESCARTES – E, por isso, ele é odiado e amado ao mesmo tempo.

NIELS/HOBBES – O quanto isso influenciou Hobbes a escrever o *Leviatã*... Nunca saberemos. Precisamente, o livro em que ele descreve a natureza do homem.

SAGAN/ARNAULD – E o que vocês pensam disso?

MARSHALL/DESCARTES – Do livro?

SAGAN/ARNAULD – Claro! Do que mais?

MARSHALL/DESCARTES – Eu diria que tanto Hobbes quanto Descartes são os percussores do homem moderno.

HAYDEN/PASCAL – Ah! Os caras viveram em 1600 e bolinha... e ainda dizem que são percussores do homem moderno!

MARSHALL/DECARTES – Ô seu besta! Você acha que tudo apareceu na sua vida assim, de repente? Do nada? Todo o processo que vivemos hoje tem a ver com nosso passado. Hobbes deu uma primeira manifestação do Estado moderno, para sua informação. No *Leviatã*, ele descreve a estrutura de Estado. Certo que é um Estado absolutista, mas é uma estrutura! Até então, a primeira manifestação, provinha de Maquiavel, com seu *O Príncipe*.

NIELS/HOBBES – Não poderia ser diferente para um adepto da monarquia e autor da frase "O homem é o lobo do homem"!

(Cory e Shane retornam.)

KALEB/GASSENDI (para Cory e Shane) – E aí, estão mais calmos?

CORY – E por que não estaríamos?

KALEB/GASSENDI – Bem, é que o Shane não parecia muito confortável...

CORY – Entramos em um acordo.

SHANE – Que não tem nada a ver com... autor bom é autor morto, sabe?

HAYDEN/PASCAL – Hahaha! Mas isso é uma grande verdade!

MARSHALL/DESCARTES (para Shane) – Você vai ler o texto da Cory?

SHANE – Não! Eu não concordo com essa adaptação.

MARSHALL/DESCARTES – Mas...

SHANE – Esse novo texto será apenas baseado no meu, nada mais. Foi com isso que concordei.

MARSHALL/DESCARTES – Sabe, Shane... o seu era muito legal, mas seria impossível encená-lo...

SHANE – Isso é uma tolice! Confesso que é um texto longo e que exige muito dos atores, pelo assunto abstrato que trata, mas...

HAYDEN/PASCAL – Abstrato? Hahahaha! Filosofia é abstração pura! É a ciência que, com a qual, sem a qual, você fica tal e qual! Hahahaha!

SHANE (irritado e encarando os atores) – *Esse* é o problema! Estamos *emburrecendo!* A humanidade como um todo está emburrecendo! E por quê? Porque facilitamos demais as coisas! Ah! Esse texto é difícil? Então vamos mudar! Não importa se perde a essência; o que interessa, é prender a atenção da pessoa, nem se, para isso, precise recorrer ao lixo! Às aberrações! À violência e coisas do gênero!

MARSHALL/DESCARTES – Não exagere, Shane... não é assim!

SHANE – Como não? Por acaso você tem acompanhado alguma obra de arte no cinema? Não, todos os filmes modernos, só mostram efeitos especiais, violência... Filmam tudo tão acelerado, que as pessoas nem conseguem acompanhar! Daí, ninguém lembra o que viu... e assistiu o filme dois dias atrás! O que dizer dos livros? Jamais vi as livrarias tão lotadas de autoajuda... que deve só ajudar o imbecil que o escreveu e seu editor... e de porcarias que nada trazem de útil em suas páginas. Ultimamente, só celebridades escrevem baboseiras e vendem como água! Marshall, você não percebe que estamos em um beco sem saída?

(Silêncio.)

SHANE – Você sabia que até mesmo Oxford, nossa prestigiada Universidade está sofrendo com o plágio?
MARSHALL/DESCARTES – Plágio?
SHANE – Tenho *outros* nomes para isso, mas estudantes de Oxford... onde EU estudei... estão se sujando e jogando anos de tradição e história pelo lixo, por imprimirem trabalhos *prontos da internet e entregarem como se fossem seus!* (Ele ri sarcasticamente) Não é à toa que dizem que meus textos são difíceis demais para serem encenados! (Agitado) Deus, Deus!!! Imaginem se Ingmar Bergman vivesse agora! Ou Dostoiévisky...
CORY – Shane, estamos perdendo tempo! Vamos para outra cena!
SHANE – Isso é com você, Cory. Não é meu texto e não tenho mais qualquer responsabilidade!
CORY – Mas seu nome irá constar no *folder*!
SHANE – Como vocês dizem... *grande merda!*

(Shane deixa o palco.)

KALEB/GASSENDI – Cara, o Shane está *deprê* mesmo! Nunca o vi falar "merda" antes! E olha que o conheço há um bom tempo!

MARSHALL/DESCARTES – Você não agiria diferente, se fosse massacrado pela crítica...

CORY – Isso foi quando vazou a notícia de que iríamos levar o texto dele para os palcos. Mas não dissemos que seria uma adaptação.

NIELS/HOBBES – As críticas aconteceram exatamente por causa disso. Tivéssemos esclarecido logo que iríamos fazer uma adaptação...

CORY – Não podíamos dizer... abertamente. Porque até então, Shane pensava que ia encenar o texto integral. Esse meu silêncio fez com que a mídia martelasse em uma única tecla: um texto filosófico de um autor outrora consagrado iria para os palcos! Deram ênfase ao *"texto filosófico"*! Daí, as críticas começaram antes mesmo de eu ter a adaptação pronta! Mas, pessoal, vamos voltar ao ensaio! Temos que caprichar. Shane é um bom escritor e, apesar de ter mexido no texto, quero provar a todos que ele está certo. Que é possível que *"textos cabeça"* sejam encenados! E que há público para isso!

SAGAN/ARNAULD – Se você diz... Mas por que "outrora consagrado"?

MARSHALL/DESCARTES – Alguém começou a azucrinar o estilo sério e profundo dele, e a onda pegou um pouco. Mas ele ainda tem uma legião de fiéis leitores.

CORY (olhando o texto adaptado) – Vamos nos concentrar aqui! Bem... vamos para o diálogo em que discutem como Descartes chegou à sua famosa frase..."*Cogito ergo sum*".
MARSHALL/DESCARTES – Muito bem...

(Os atores entram em posição. Cory se afasta. Descartes, Hobbes e Pascal ocupam uma mesa; na de trás, estão Gassendi e Arnauld. A garçonete aparece, colocando garrafas de vinho sobre a mesa. Em seguida, ela se retira.)

HOBBES – Em um retrospecto de minha vida, agora que tenho 59 anos... muitos dos quais tive como amigos Francis Bacon, Pierre Gassendi...
GASSENDI – Um privilégio, posso dizer!
HOBBES – Decerto, tivemos longas e boas conversas. Mas ainda sinto que tenho muito o que fazer. Meu exílio e a situação de meus conterrâneos me impigem...

(Niels/Hobbes para um pouco.)

NIELS/HOBBES (para Cory) – Cory, tenho mesmo que usar esse verbo? "Impingir"? Isso é muito literário!
CORY (que está no canto do palco) – Niels, não podemos esquecer a importância da palavra no teatro. Se tem algo que concordo com Shane é a de enriquecer nossa fala. Há palavras que esquecemos que fazem parte de nosso vocabulário; por que não fazermos do palco uma plataforma para esse encontro?

SHANE (do fundo do palco) – Finalmente, algo positivo sobre mim!

HAYDEN/PASCAL – Ele *ainda* está aqui?

CORY (sem alterar a voz) – Tudo bem, Shane! Pensei que você já tivesse ido embora! Mas se vai ficar, comporte-se!

SHANE – Cory, apesar de tudo, você sabe que gosto de teatro!

CORY – Então, vamos trabalhar para que esse teatro e seus autores sobrevivam!

SHANE – O teatro sobrevive, Cory... basta fazer o que Hayden disse! Coloque sexo, perversão, *trash* e coisas do gênero, que você terá uma casa cheia! Eu e outros intelectuais é que estamos fadados à extinção.

HAYDEN/PASCAL – Noooossa! Como esse cara é culto! "Fadados à extinção"!

CORY – Chega de conversa! Vamos ao trabalho! Vai, Niels! Retome!

HOBBES – Decerto, tivemos longas e boas conversas. Mas ainda sinto que tenho muito o que fazer. Meu exílio e a situação de meus conterrâneos me impigem a me dedicar a um novo compêndio... Mas antes de falar dele, René... queria ouvir de você o que o levou a compilar a síntese de seu pensamento...

DESCARTES – Ah, o *"Cogito ergo sum!"*: *"Penso, logo existo"*. Não sei se ficará registrado nos anais da história que essa síntese teve como base uma experiência mística.

ARNAULD – Mística?

PASCAL – Mas pensei que fosse um racionalista! Aprecio suas ideias, embora não concorde com todas.

DESCARTES – Isso não me impediu de ter uma experiência mística. Por mais que tenha me pautado na razão, apreciei e, por vezes, ainda aprecio o misticismo. Quando estudava em La Flechè, li os livros de Cornelius Agrippa...

GASSENDI – Presumo que seja o mago Cornelius Agrippa?

DESCARTES – Ele não foi só mago. Foi advogado, soldado e até mesmo médico.

PASCAL – Isso não é importante! Estou ansioso para ouvir sua experiência mística!

DESCARTES – Foi em Neuburg, e em Ulm, no sul da Alemanha, que tive uma visão... e três sonhos...

HOBBES – Ora, isso é irônico! Visões e sonhos levaram uma mente matemática à construção do racionalismo!

DESCARTES – Por isso disse que duvidava desses detalhes ficarem registrados para a posteridade!

PASCAL – Quais foram os sonhos?

DESCARTES – Ah, não! Não irei revelá-los aqui. Seria muito tedioso! Mas revelarei minha visão. Estava trancado em uma estufa, tal era o frio daquela cidade... Acredito que entrei em uma espécie de transe. Então, de repente, tive uma visão... algo que veio em minha mente e partiu em seguida; uma imagem matemática do mundo. O mundo poderia ser descoberto mediante a aplicação de uma ciência matemática universal!

HAYDEN/PASCAL – Cara, ele pensava nisso já naquela época?

KALEB/GASSENDI – Ah, droga! Novamente, saímos do curso!

HAYDEN/PASCAL – Desculpe, é que fiquei bastante impressionado! Pensei que só na modernidade alguém poderia imaginar em algo como... uma matemática universal!

SHANE (da plateia) – E depois avacalham meu trabalho...!

CORY – Assim não dá! Se não temos problema com o texto, temos em nos concentrar para ensaiarmos!

HAYDEN/PASCAL – Foi mal... poxa! Desculpem-me, mas é que fiquei bastante interessado!

MARSHALL/DESCARTES – Que tal ler os trabalhos dele, então?

HAYDEN/PASCAL – Ler Descartes?

MARSHALL/DESCARTES – Claro! Ler!

HAYDEN/PASCAL – Ah, não! Dá muito trabalho ler! E eu disse que não sou um cara de livros!

SAGAN/ARNAULD – Cara, eu não ouvi isso! Pô, você não lê seus textos? Suas falas?

HAYDEN/PASCAL – Saco, de novo essa ladainha? Já disse, isso é sobrevivência. Trabalho! Ou como queira chamar! Quando tenho tempo, vou fazer outras coisas! Não vou ficar lendo!

SHANE (da plateia) – Não são só os escritores que perderam a áurea de intelectuais... atores também não fazem mais por merecer! Antigamente, um ator interpretava, cantava, dançava... e, principalmente, estudava!

CORY (para Shane) – Shane, por que não vai dar uma volta? Creio que está precisando!

HAYDEN/PASCAL (em tom divertido) – Eu ia perguntar se há algum documentário a respeito do que Descartes escreveu, mas deixa para lá...

MARSHALL/DESCARTES – Escuta, Hayden... há outros momentos para pentelhar os outros!

KALEB/GASSENDI – Isso aqui está virando um circo!

CORY (aproximando-se do elenco e olhando o *script*) – Ok, pessoal... hoje está realmente complicado...

SHANE (da plateia) – Se vocês disserem que também é culpa minha...

CORY – Shane, se você vai continuar a dar palpites, por que não vem até aqui? Isso de ficar berrando, não faz meu gosto!

HAYDEN/PASCAL – Agora, ele não vem!

MARSHALL/DESCARTES – Claro que ele vem! Ele não é nenhum poltrão!

NIELS/HOBBES – Uhh! "Poltrão"! Isso de interpretar um cara de época está dando frutos, não, Marshall?

MARSHALL/DESCARTES – Niels, você sabia que Hobbes era um belo de um poltrão?

SAGAN/ARNAULD – Como é?

MARSHALL/DESCARTES – Hobbes nunca sentiu vergonha de dizer que era medroso pacas! Segundo ele próprio, ele e o medo nasceram juntos!

CORY – Dá para vocês pararem de fofocar? E depois

dizem que as mulheres não ficam quietas! Vocês são piores que duas velhotas no cinema!

SAGAN/ARNAULD – Não dá para evitar! Estou absorvendo tudo o que Marshall estudou para fazer essa peça!

NIELS/HOBBES (zombando) – Se eu soubesse dessa fraqueza de caráter de Hobes... talvez, não aceitasse esse palpel!

MARSHALL/DESCARTES (rindo) – Mas ele nunca foi um medroso intelectual! Seu medo tem uma justificativa, Niels... Hobbes nasceu prematuro, quando sua mãe entrou em pânico ao saber que a Armada Espanhola se aproximava!

CORY (para Shane, que se aproxima) – E aí, Shane? Finalmente resolveu vir!

SHANE – É...

CORY – Ainda estamos em tempo de decidirmos o que queremos.

SHANE – Já discutimos tudo, Cory.

CORY – E lá dentro eu te convenci de que o texto como você escreveu não seria nada fácil de encenar e faria com que a plateia dormisse.

SHANE – É...

CORY – Então...

SHANE – Não conversamos sobre a cena em que Descartes revela sua dor quando comenta com os outros a perda de sua filha.

HAYDEN/PASCAL (irônico) – E não é que vamos tocar no assunto delicado da sexualidade de Descartes?

SHANE (subindo ao palco) – Você não entendeu direito,

Hayden! Trata-se de um homem sofrer pela morte da filha!

HAYDEN/PASCAL – Mas... vou insistir! Não seria interessante tocar na vida sexual dele? Você mesmo disse que o sexo, para Descartes, era secundário! Que tal mostrar por quê? Veja, não seria uma boa mostrar Descartes como assexuado, mas depois ele, de repente, fica com uma neura... uma dependência de sexo!

MARSHALL/DESCARTES – De novo com essa história? Saco, para com essa fixação, Hayden!

HAYDEN/PASCAL – Pô, pessoal! Isso dá bilheteria!

SHANE (tentando controlar-se) – Não vamos voltar a esse assunto, Hayden! Isso está fora de questão!

CORY – Vamos ensaiar a cena em que ele conta a morte da filha! Ela será como você tinha imaginado, Shane! Aliás... (ela folheia seu *script*) eu quase não mexi nessa cena!

HAYDEN/PASCAL – Pois eu acho que essa droga de peça deveria ter algo mais *prestativo!* Do ponto de vista do público! Isso, Shane, não vai dar certo!

SHANE (irritado) – Como não vai dar certo? Cory reformulou o texto, saco! Ora, por que perco meu tempo discutindo com você? Você nem mesmo leu o texto original!

HAYDEN/PASCAL – Não li mesmo! Com toda certeza, seria uma perda de tempo! Quem você pensa que quer impressionar com essa pose de intelectual? De dotado de mente superior? Você é tão bosta como qualquer outro metido a escritor!

(No momento seguinte, Shane está cercando Hayden. Antes que os outros possam contê-lo, Shane esbofeteia seu rosto. Uma confusão domina a todos. Marshall consegue deter Shane; Cory tenta acalmar Hayden. Kaleb e Niels pedem para Judy trazer um pouco de gelo.)

MARSHALL/DESCARTES (para Shane. Eles estão sentados em um dos lados do palco. Do outro, Hayden está cercado pelo restante do elenco. Judy segura uma toalha molhada com gelo no rosto de Hayden) – O que está acontecendo, Shane? Sei que está decepcionado pelo seu texto ter sido alterado, mas isso não é motivo para agredir alguém.

SHANE – Estou nervoso e irritado, confesso.

MARSHALL/DESCARTES – Deu para perceber! Pode dizer a razão?

SHANE – Exigências, Marshall! Você não tem noção da pressão que sofro, e não por acusa desse texto! São meus outros trabalhos! De um lado, uns querem um material complexo, profundo! Quando apresento um, acham "pesado" demais, e aí me pedem para alterar. Altero, e reclamam que tudo ficou uma porcaria! Tenho que reescrever este, enquanto já deveria estar iniciando outro!

MARSHALL/DESCARTES – Que outros trabalhos?

SHANE (surpreso) – Não me diga... você realmente se esqueceu de que também escrevo roteiros?

MARSHALL/DESCARTES – É verdade! Cara, mas você nunca teve problemas com esse material!

SHANE – Não tinha, até mudarem a equipe de supervisão. Agora, tenho dois cretinos que analisam tudo o que escrevo. Ou seja, cada capítulo das séries que escrevo, são revistos... e... acredite, têm sido recusados.

MARSHALL/DESCARTES – Isso não faz sentido. Seus seriados de suspense são excelentes! Eu adoro acompanhá-los! São as tramas mais bem elaboradas...

SHANE – *Essa* é uma das razões! Esses dois idiotas pedem uma *boa* trama... mas terminam achando que está complexa demais! Querem algo mais simples! A favor deles, tenho a argumentação de que, hoje em dia, ninguém mais quer pensar! Já ouvi isso deles! Algo como... "Você está dificultando muito as coisas, Shane! O público não vai acompanhar a resolução desse crime! Simplifique!"

MARSHALL/DESCARTES – Isso é um absurdo!

SHANE – Já apresentei histórias mais leves, por assim dizer. E isso está dando uma briga danada dentro da produção. Diretor, produtor, ator... todos não estão gostando da simplificação das histórias, e têm chovido reclamações dos espectadores... Relato isso para os meus superiores, mas eles não abrem mão de seu posicionamento e sugerem algumas mudanças! (Breve pausa.) Meus superiores, produção... e espectadores. E eu no meio! Para você ter ideia de como isso é desgastante, já mudei uma mesma história sete vezes! Vou dizer, daqui a pouco, começarei a cometer gafes e falhas...

MARSHALL/DESCARTES – Percebo o quanto isso é difícil, Shane... mas esbofetear Hayden... não vai resolver nada.

SHANE – Eu sei. Estou perdendo a cabeça; e não é a primeira vez. Vou me desculpar com ele... e deixar vocês ensaiarem em paz. Sabe, pensando por um outro prisma... acho que aquela frase está certa. Completamente certa.

MARSHALL/DESCARTES – Que frase?

SHANE – Aquela que diz que o melhor escritor é o escritor morto.

MARSHALL/DESCARTES – Pare com essas tolices! Você é um bom escritor, Shane! E verá que os produtores e supervisores chegarão a um acordo.

MARSHALL/DESCARTES – Eu desisti de opinar. Só queria poder trabalhar sem ter que refazer tudo a todo o momento! É engraçado... falam da reação do público em assistir tal coisa; disso, daquilo... mas nunca... ou quase nunca, lembram da proposta original do autor. Acho que já atingi um patamar e confiança necessários para saber o caminho que tomo.

(Shane se levanta e vai até o outro lado do palco. Marshall vai com ele. Hayden está sentado, como os outros ao seu lado.)

SHANE (para Hayden) – *Hayden... por favor, me perdoe. Não sei o que me deu…!*

HAYDEN/PASCAL – Eu deveria dar um troco, mas vou deixar para lá...

SHANE – Vou deixar vocês trabalharem em paz.

CORY – Espere! Vamos fazer a cena de Descartes... falando da filha! Fique para ver isso, Shane!

SHANE – Não acho que alguém queira minha presença aqui, depois do que aconteceu.
HAYDEN/PASCAL – Ora, só porque você deu um gancho em mim? Não sou tão maricas assim! Pode ficar, se quiser, Shane. É a cena que queria ver, não?
SHANE – Para ser sincero, é uma das cenas de que mais gosto de todo meu texto.
NIELS/HOBBES – Então, fique e assista.
CORY – Mas fique por perto! Nada de ir para o fundo e ficar berrando! E nada de ataques de fúria!
SHANE – Está bem.

(Shane desce pelos degraus frontais e fica na primeira fileira.)

CORY (indo para um dos cantos do palco) – Muito bem... vamos encenar quando Descartes revela sua dor pela perda de Francine!

(Todos estão sentados em uma mesa. Do lado oposto, Judy aparece e se dirige até a mesa. Ela traz uma bandeja, com a qual retira os copos. Nessa mesma bandeja, traz um pratinho com um pedaço de doce e serve apenas Descartes.)

JUDY – Está fresquinho, *monsieur*. Espero que aprecie.
DESCARTES – Claro que irei apreciar. Deve estar uma delícia!
JUDY – Se quiser mais, basta me chamar!

(Ela deixa o palco e não se importa com os olhares dos demais.)

ARNAULD (olhando o pratinho com o doce) – Nossa, Renatus... qual a razão desse meigo agrado?

GASSENDI – Meigo e *exclusivo* agrado, porque apenas *ele* recebeu! Nunca me senti tão invisível como agora! Poderá a matemática explicar isso?

HOBBES (divertindo-se) – Por acaso, está usando de seu charme, René?

PASCAL – Duvido que ele esteja! Um homem da ciência não costuma ter outros pensamentos que não a ciência!

HOBBES – Calma aí, jovem! A ciência não impede que pensemos em outros aspectos da vida! Com René não é diferente!

DESCARTES – Confesso que poucas vezes dediquei meu tempo com esse assunto...

HOBBES – Um assunto íntimo, pelo o que percebo!

DESCARTES – Poucas vezes amei em minha vida. Isso posso dizer.

(Breve pausa.)

DESCARTES – Quando era criança, fiquei apaixonado por uma menina que tinha um problema de visão. Ela era vesga...

GASSENDI – Vesga?

DESCARTES – Creio que foi uma mistura de piedade com curiosidade. Era uma estranha particularidade aquele olhar... mas foi apenas uma paixão infantil. Depois, muitos anos depois, voltando de uma de minhas viagens... senti uma atração por uma moça.

HOBBES (apontando o caminho pelo qual Judy saiu) – Aquela moça?

DESCARTES – Não, essa é uma amiga dela.

ARNAULD – Ora, você relacionou-se com uma serviçal?

DESCARTES – É uma mulher como qualquer outra.

HOBBES – Alguns diriam que não seria propício para sua estirpe.

DESCARTES – Que tolice! Não me preocupo com estirpe! Sou um homem prático, que revolucionou a filosofia, construindo um método não apenas para o aprendizado, mas como um código de vida! Interesso-me por tudo e, *sim*, me interessei por uma serviçal!

PASCAL – Mas e quanto àquele estudo, *A paixão das almas*? Pensei que...

DESCARTES – É estranho alguém que compilou uma das mais belas frases, me inquirir sobre "paixão"...

ARNAULD – Nem a mais fabulosa fórmula matemática, seria capaz de explicar as estranhas coincidências e acasos, pelo o que constato. Soube que você escreveu *A paixão das almas* para a princesa Elizabete da Boêmia...

DESCARTES – Platão seria meu interlocutor nesse aspecto. Ele descreveu muito bem os sentimentos, a paixão... platônica, no que tange à princesa Elizabete. No entanto, com Hélène, foi algo... mais concreto.

HOBBES – Esse era seu nome?

DESCARTES – Sim. Nós tivemos um filho...
TODOS (surpresos) – Um filho?
DESCARTES – Na verdade, era uma menina. Francine...
HOBBES – Isso é maravilhoso, René! Uma filha! Por que nunca nos disse isso? Imagino você, educando-a!
GASSENDI – Essa menina tem a graça de Deus! Ter um pai como Descartes! Como toda a certeza, ela terá acesso aos estudos!
ARNAULD – Exatamente! Essa história de privilegiar o homem ao ensino, é grotesca! Sou a favor de que não apenas Francine, mas...
PASCAL (batendo suavemente em Arnauld, pedindo para ele parar de falar) – Shhh!

(Pausa. Eles veem Descartes quieto, como se estivesse hipnotizado.)

HOBBES – O que houve, René?
DESCARTES – Sempre digo a mim mesmo que não voltarei aqui, mas aqui retorno. Foi aqui que conheci Hélène...
PASCAL – E ela não está aqui, com a filha? Sei que é um homem inquieto, incapaz de ficar em um lugar, mas uma mulher e uma criança...
DESCARTES – Não vejo mais a mãe... tampouco Francine, que... deixou de viver com apenas cinco anos!

(Ele esconde o rosto nas mãos por alguns instantes. Breve pausa.)

HOBBES (para os outros) – Nossa, *jamais* soube disso!

GASSENDI (para Hobbes) – Mesmo nós, residentes franceses, ficamos a par disso!

DESCARTES (descobrindo o rosto e erguendo-se) – Essa dolorosa experiência me mostrou o quanto somos frágeis, meus amigos. Nem mesmo toda minha filosofia, meu racionalismo... toda minha concepção científica, me prepararam para a dor que viria a ter... e que ainda carrego.

PASCAL – Somos apenas humanos, René. Sinto em saber que sua filha não viveu mais do que cinco anos, mas reze para Deus iluminá-lo nessas horas difíceis.

HOBBES – É um verdadeiro mistério... um verdadeiro grande salto no escuro... essa transição. Mas cedo ou tarde, teremos de enfrentá-la.

DESCARTES – Sim, eu sei disso, Thomas. A vida significa muito para mim pelo o que posso produzir. Vivo para meu trabalho, e só. Não fosse isso... queria ir atrás de Francine! Um pai jamais deve enterrar seu filho! Isso é contra toda a lógica da vida, sabem?

GASSENDI – Sendo assim, René... por que insiste em vir aqui?

DESCARTES – Eu... não sei.

HOBBES – Talvez, porque goste de lembrar do início. De quando conheceu a moça...

DESCARTES – Talvez.

ARNAULD – Ao menos, é bem tratado... (ele aponta o prato com o doce)

DESCARTES (sorrindo tristemente) – Certamente... Judy era amiga de Hélenè. Depois da morte de Francine... bem, não era a mesma coisa ficarmos juntos.

PASCAL – Sim. É compreensível. Deus deve ter uma razão para ter chamado sua filha, René. A vida não nos pertence. Vejo isso por mim; tenho 24 anos, mas meu corpo parece ter o triplo da idade, pois desde que nasci, sou de saúde frágil. Sei que logo não estarei mais entre vocês, e...

ARNAULD – Sim, mas ainda há trabalho a fazermos. Somos homens versados na ciência e, com toda certeza, trabalharemos até o fim, não Blaise?

PASCAL – Certamente.

DESCARTES – É o trabalho que me mantém vivo, Arnauld. Pelo trabalho, viveria cem anos. Ele me alimenta, me acalma... e me conforta. Apenas isso me importa.

(Aplausos de Cory.)

CORY – Ótimo! Ficou muito bom! O que acha, Shane?

SHANE (aproximando-se do palco) – Sim, realmente, gostei.

CORY – Bem, isso significa que vamos em frente!

SHANE – E por acaso eu disse que era para vocês pararem?

CORY – Não, mas não demonstrou alegria pelo nosso trabalho.

(Shane sobe ao palco.)

SHANE – Alegria? Não, Cory... não dá para demonstrar muita alegria...
NIELS/HOBBES – E por quê?
SHANE – Vocês acabaram de encenar um trecho onde há uma terrível perda...
HAYDEN/PASCAL – *Para Descartes.*
SHANE – *Exato.* A cada trabalho que sou obrigado a alterar por causa de exigências absurdas, é como se fosse uma dessas perdas.
MARSHALL/DESCARTES – Não acho justa essa comparação!
SHANE – Pode não achar, Marshall... Mas é como me sinto.

(Shane deixa o palco por uma das coxias. Os demais ficam em silêncio.)

NIELS/HOBBES – Shane está bastante transtornado, não?
KALEB/GASSENDI – Não pensei que fosse assim tão sério...
HAYDEN/PASCAL – A culpa foi minha. Eu provoquei o cara!
MARSHALL/DESCARTES – Não foi só você, Hayden... Eu não duvido de que Shane deve estar se sentindo como um moinho... sem chegar a lugar nenhum. Ou pelo menos, no lugar em que ele gostaria de chegar. Nós só pensamos no nosso lado... e no lado da plateia. Mas não pensamos no lado dele; de reescrever tudo quatro, cinco vezes. Ou até mais. Isso também não é fácil. Pior ainda, quando

mesmo depois de reescrito, o trabalho é recusado ou adaptado.

HAYDEN/GASSENDI – E o que você acha que devemos fazer?

CORY – Vamos em frente, oras!

NIELS/HOBBES – Vamos encenar a adaptação?

CORY – A adaptação foi escrita por mim. E se for do agrado do público, como acredito que será, a crítica penderá a favor de Shane novamente. Vamos, retomem seus lugares! Vamos refazer uma outra cena...

MARSHALL/DESCARTES (para Niels/Hobbes) – Bem, a verdadeira arte tem seu preço. Escrever, reescrever... encenar e reencenar...

NIELS/HOBBES – E quem sabe essa peça não atiça a curiosidade do público para lerem o texto original? Temos que fazer Shane acreditar haver esperança, Marshall... não são todos que se contentam com *trash*...

MARSHALL/DESCARTES – Talvez, consigamos até mais do que isso. Talvez, aticemos a curiosidade dos jovens... de descobrir um pouco mais do passado de nossa história. Vamos... ! Ao trabalho!

(As luzes se apagam.)

A pedra da razão

ENSAIO TEÁTRICO-MUSICAL
EM TRÊS ATOS

MELISSA VELASCO SCHLEICH

Personagens

Dna. Beatriz, a Beata
Isabela, a Filha de Dna. Beatriz
José, um Homem Bom
Angelina, a Esposa de José
Dna. Anastácia, a Velha Cega
Antônio das Neves, o Prefeito
Arleu, o Filho do Prefeito
Padre Simão, irmão do Prefeito
Mendigo
Outros Cidadãos, Coro

1.º Ato

(Música. Abrem-se as cortinas. Trata-se de uma praça, onde um mutirão de pessoas corre de lá para cá, de cá para lá. Estão organizando uma festa. Ao fundo do palco, Dna. Beatriz e Isabela adornam um palanque com três bandeiras coloridas: uma ao centro, em formato triangular e tons de vermelho e branco; duas retangulares, nas laterais esquerda e direita, representam respectivamente o município de São João da Boa Esperança e a ordem religiosa. No canto esquerdo do palco, José adorna uma pequena mesa de formato retangular, sobre a qual se veem copos vazios e frutas. Angelina metodicamente corta as frutas em quadradinhos simétricos e as coloca em uma poncheira de vidro transparente. No centro do palco, há um banco de praça comum, o qual está sendo limpo por Dna. Anastácia, que, por vezes, interrompe seu trabalho para se sentar e descansar sobre o banco. Outros cidadãos auxiliam nas diversas tarefas de limpeza e decoração.)

Música: Preparativos

Coro	Dna. Beatriz	Isabela
Vamos arrumar		
E organizar		
Que a nossa festa		
Já está para começar		
Todo ano aqui		
A comemorar		
O aniversário da cidade		
Em que eu nasci		
É a tradição		
Viva São João		
Da Boa Esperança		
Onde todos são irmãos		
E a salvação		
dos concidadãos		
É o discurso do prefeito		
Que vamos ouvir		
	Veja, Isabela, o palanque	
Tem que estar perfeito		
Pro prefeito discursar		

Coro	Dna. Beatriz	Isabela
	Da festa é o mais importante	
Pois se ele errar		
Toda a cidade vai sofrer		
	Lembra, o discurso é sagrado	
E se der errado		
Algo de ruim vai acontecer		
	Já aconteceu lá no passado	
Esse ano tudo vai dar certo		
Vamos ver		
		Mas mamãe, isso é besteira
	Terra de esmeralda,	
	Era caminho de bandeira	
		Não existe danação
	Todo ano tem de ter discurso,	
	É tradição	
		O palanque é brincadeira
	Desde a sua idade	

Coro	Dna. Beatriz	Isabela
	Que eu tenho essa função	
		Coisa do Padre Simão
	E quando eu morrer	
	Quem vai fazer tudo é você	
Vamos festejar	Vamos ter uma linda festa	Todo ano é sempre igual, mamãe
Com vinho brindar		
E ouvir o novo		
Dirigente discursar		
Ele vai falar	Vem arrumar, filha, a palestra	Não aguento esse sermão
Um discurso bom		
Mas se der errado,		
Nosso deus vai castigar		
Sempre foi assim	Vai aprendendo como fazer	Quem falou que deus castiga, mãe
Desde a fundação		
Que o discurso é sagrado		
Aqui em São João		
Qual a explicação	Porque algum dia vai ser você	Se o discurso não for bom
Ninguém sabe dar		

Coro	Dna. Beatriz	Isabela
Só se sabe que tem que seguir		
A tradição		
	Filha, uma vez eu mesma vi...	

(De súbito, ao mesmo tempo em que a música para abruptamente, ouve-se um longo e tenebroso trovão. As luzes oscilam por um segundo; todos os presentes interrompem seus afazeres e olham em direção ao horizonte.)

Música: A tempestade

Coro	Isabela	Dna. Beatriz
Vai chegar, vai chegar	A tempestade virá	
Veja lá	A tempestade virá	
	E o que quer que façamos	
	Não vai adiantar	
Vai chegar		
	Salvação não há	
Vai chegar, vai chegar		
Vai chegar, vai chegar	A tempestade virá	Hoje é festa
Veja lá	Vai trazer mais do que a chuva	Hoje Deus não vai deixar

Coro	Isabela	Dna. Beatriz
	E só o que poderemos fazer é esperar	
Vai chegar		
	Salvação não há	
Vai chegar		
Já está lá		
Vai chegar		

DNA. BEATRIZ (sobre o palanque. Voltando a seus afazeres, irritada) – Para com isso, menina. Não vai ter tempestade nenhuma. Hoje não.

ISABELA – É como nos sonhos, mamãe. (Sussurra) É a minha sina. Premonição.

DNA. BEATRIZ (fita o horizonte novamente. Volta a seus afazeres, ainda irritada) – Para de atormentar as pessoas com essas suas histórias, Isabela. (Estende um tecido branco sobre o pequeno púlpito, dispõe uma vela sobre o lado esquerdo do púlpito coberto e uma taça dourada do lado direito) Vamos, me ajuda aqui com essa vela. O palanque tem que ficar bem leve para o discurso do seu Antônio das Neves. (Isabela apoia-se em Dna. Beatriz.)

DNA. BEATRIZ – Isabela? O que foi, filha?

ISABELA (sentindo-se mal) – Nada, mamãe. Já está passando. (Sussurra) É uma armadilha, o que vem chegando. (Transtornada) Foi o vento. (Choraminga) Esse vento absurdo que vem do sul e não me deixa em paz. É um vento surdo. A senhora não sente? Não vê o que ele traz? Não?

DNA. BEATRIZ – Filha, estamos no verão. (Pausa) Calma. Senta. (Senta Isabela na beirada do palanque) A mãe vai buscar um copo de água benta. (Desce do palanque, grita) Angelina! Oh, Angelina! (Chega perto de Angelina) Por acaso não tem aí um copo de água cristalina?

ANGELINA (interrompendo seu trabalho e limpando as mãos no avental) – Água? Para quê?

DNA. BEATRIZ – É, para Isabela. Vou pedir para o padre benzer. Não devia ter trazido, devia ter deixado a menina em casa e só chamado para a festa à tardinha. Coitadinha. Esse sol na cabeça o dia inteiro... Minha filha anda um pouco adoentada. Coitada!

DNA. ANASTÁCIA (que estava perto e ouviu a conversa) – Doente não, anda é frouxa das ideia, isso sim. A moça não bate bem.

DNA. BEATRIZ (muito irritada) – Calada, velha! Velho cupim. Ninguém pediu a sua opinião.

DNA. ANASTÁCIA – Não é opinião minha não, dona. Todo mundo sabe na cidade, todo mundo fala. A sua "fia" tem é a cabecinha rala, e isso não é da idade. Também num é de fita.

(Dna. Anastácia ri e se vira para o outro lado.)

DNA. BEATRIZ – Parafuso solto tem você, velha maldita!

PADRE SIMÃO (chega por trás de Dna. Beatriz) – Tolerância, irmã Beatriz. Hoje é dia da cidade de São João. Por favor, respeito pela diferença.

DNA. BEATRIZ (virando-se, num susto) – Benção, padre Simão. Desculpe, não vi vossa Excelência.

PADRE SIMÃO – Deus lhe abençoe, irmã Beatriz.

DNA. BEATRIZ – Deus me perdoe, padre. Estava aqui falando com Angelina, quando aquela ali se meteu na conversa. Ora, essa! Não me deixa em paz, sempre traz um desaforo. Ó, mulher de mau agouro!

PADRE SIMÃO – Bem-aventurados os misericordiosos, porque alcançarão misericórdia. Tolerância, irmã Beatriz! Não devemos semear a discórdia.

DNA. BEATRIZ (constrangida) – Sim, padre, tem razão. (Pausa) Ó, Padre? (Cochicha) Ando meio preocupada com a minha Isabela. O senhor troca uma palavrinha com ela?

PADRE SIMÃO – Claro. Algum problema?

DNA. BEATRIZ (mente) – Não, nada. (Arrepende-se) Bom, o de sempre. Isabela parece que vive sonhando. Ando meio alarmada. Ela sonha mais do que vive. Está me preocupando, a danada.

PADRE SIMÃO – Vou ver. Não há de ser nada. (O padre suspira e vira-se para outra direção.)

DNA. BEATRIZ (para Angelina) – Angelina, e a água?

ANGELINA – Não tem água não, dona Beatriz. Vou buscar é o vinho que está na Sacristia, que o padre Simão falou que podia. Vou pegar para fazer a sangria.

DNA. BEATRIZ – Isso, então faça a bebida. E faça um copo para minha querida. Eu ajudo a pegar o vinho. (Ordena) Por esse caminho. Vamos.

(Angelina e Dna. Beatriz saem de cena. Discretamente, Arleu chega perto de Isabela. Em um pulo, senta-se sobre o palanque, ao lado da moça, balançando as pernas, com um sorriso maroto.)

ARLEU – Não fala mais comigo?
ISABELA – Agora não, Arleu! Minha mãe pode ver.
ARLEU – Isso é castigo. Sua mãe não está aqui.
ISABELA – Mas a cidade inteira está aqui! As pessoas vão dizer.
ARLEU – Vão nada. As pessoas têm mais o que fazer. Deixa de ser boba. (Como se falasse com uma criança, tenta apertar-lhe as bochechas) Menina bobinha, você...
ISABELA (afasta-se) – Não! (Isabela encolhe-se de canto.)
ARLEU (retraído) – Por que tem de ser assim? Não aguento mais, isso não serve para mim. Essa distância. Não é justo.
ISABELA (ainda encolhida) – Mas que custo, que implicância! Eu já disse. Mamãe não quer.
ARLEU – Ela me trata como um qualquer. (Pausa) É uma tortura, sabia? Ver você todo dia, mas não poder nem chegar perto. Não é certo. Não poder te tocar. Te acariciar. (Toca-a. Ela estremece) O nosso amor foi a coisa mais bonita de acontecer. (Toca-a mais profundamente. Ela se deixa levar). Por que é tão

difícil de entender? Eu amo você. (Seus rostos estão muito próximos). Eu *amo* você. (Arleu beija-a. Ela corresponde ao beijo por uma fração de tempo, depois subitamente o afasta.)

ISABELA (suplicante, quase chorando) – Para!
ARLEU (condoído) – Para o quê?
ISABELA – Não quero. (Pausa.)
ARLEU – Tá bom, eu espero. Pensou no que eu te falei na semana passada?
ISABELA – O quê?
ARLEU – Como *o quê*? Não se lembra de nada?
ISABELA – Não me lembro de quê?

Música: Foge comigo

Arleu	Isabela
Foge comigo...	
	(Fala) O quê?
Foge sim! Foge comigo...	
	Como assim?
É o único jeito	
Deles deixarem a gente em paz	
	(Fala) De quem você está falando?
Sua mãe e os meus pais.	
(Fala) Hoje à noite.	
Depois da festa, quando tudo estiver silencioso.	
Todos estarão dormindo, já, exaustos.	

Arleu	Isabela
Bêbados. Hoje à noite.	
Foge comigo	Você deve estar louco, eu não posso fugir
Hoje, sim!	E talvez se eu pudesse, eu nem fugiria
Foge comigo	Você é meu amor, minha doce alegria,
Vem para mim	Mas hoje eu não vou, por favor outro dia!
(Fala) Não temos outro dia. Hoje, à meia-noite, no banco da praça	
É o único jeito	Você é meu amor, minha doce alegria,
Deles deixarem a gente em paz	Mas hoje eu não vou, por favor outro dia!
Ou você não me ama	
Não me ama mais?	Não me ama mais?

(Isabela segura-se em Arleu.)

ARLEU (consternado) – Isabela? O que foi?
ISABELA (atormentada) – Frio. Um frio ardente. Você não sente? Um frio horrível. Um frio errado, impossível. (Sombria) É como um sopro. Um sopro de morte.
ARLEU (acaricia os cabelos de Isabela) – Descansa.

ISABELA (com o olhar fixo no horizonte) – A temperança. Alguma coisa vai mudar a nossa sorte.

ARLEU – Você precisa descansar.

ISABELA (febril) – Está prestes a chegar. Está tão perto.

ARLEU (segura-lhe o rosto) – Vai dar tudo certo. Fique sossegada. (Beija-lhe os lábios rapidamente. Levanta-se, desce do palanque em um pulo. Vira-se para ela com sorriso maroto). Meia-noite, na bancada! (Sai de cena saltitante.)

DNA. ANASTÁCIA (que estava perto e ouviu a conversa) – Meia-noite é hora proibida, "fia".

ISABELA (levando um susto e voltando a si) – Dona Anastácia!

DNA. ANASTÁCIA (sombria) – A "veia" Anastácia já ouviu coisa demais nessa terra. E o que passa a essa hora nunca é o que se espera. É quando a noite se quebra em dia. E o que era alegria vira embriaguez. E o que era sensatez vira heresia. Ah, "fia", a "veia" Anastácia ouve demais. Meia-noite é hora quebrada. É quando as "máscara" da gente cai.

ISABELA – O que a senhora está dizendo?

DNA. ANASTÁCIA – E "num" tá vendo? Pois "num" deve de "í". "Num" vai.

ISABELA – O quê?

Música: Meia-noite, hora proibida

Coro Masculino	Coro Feminino	Isabela	Dna. Anastácia
Meia-noite, meia-noite	Hora proibida		
Meia-noite, meia-noite			É a hora que o sinhô não responde
Meia-noite, meia-noite			Nem pros vivo nem pros morto
Meia-noite, meia-noite			Que ainda não é manhã
Meia-noite, meia-noite			Mas também já num é mais noite
		(Fala) O que a senhora ouviu?	
Meia-noite, meia-noite			O que eu ouvi não é da conta de ninguém,
Meia-noite, meia-noite			Não te afoite
Meia-noite, meia-noite			Mas tem de saber, num é hora de estar fora
			Meia-noite.
Meia-noite, meia-noite	Hora proibida		
Meia-noite, meia-noite		(Fala) Ora, isso é uma bobagem.	

Coro Masculino	Coro Feminino	Isabela	Dna. Anastácia
Meia-noite, meia-noite		Não existe hora proibida.	
Meia-noite, meia-noite		Todas as horas são iguais.	
Meia-noite, meia-noite			Bobagem que num é.
Meia-noite, meia-noite			Você sente as coisa aqui e eu também.
Meia-noite, meia-noite			O vento que estarrece
Meia-noite, meia-noite			Parece que num sabe de onde vem.
Meia-noite, meia-noite			O vento vem daqui
Meia-noite, meia-noite			De uma coisa muito errada que aqui tem.

(Isabela sente uma ligeira vertigem e segura-se brevemente em Dna. Anastácia. As duas parecem assustadíssimas, como se do toque tivessem levado um choque. Isabela volta a se sentar, encolhida, sobre o palanque, ainda assustada. Dna. Anastácia parece perplexa.)

DNA. ANASTÁCIA – Meu Deus. Minha nossa senhora virgem santa, que a mãezinha Iemanjá nos proteja embaixo da sua manta. Agora eu intindi.

PADRE SIMÃO (que se aproximava de Isabela) – Entendeu o quê, irmã? Me conta, que eu perdi.

DNA. ANASTÁCIA – A veia Anastácia não precisa dos óio pra ver, padre. Tem de saber. Tem muita coisa de errada aqui. Deus castiga, padre. Um dia a casa cai, padre. Um dia à toa. Um dia o sino dos anjo soa.

PADRE SIMÃO – Deus é pai e tudo perdoa, irmã Anastácia. É só ter fé.

DNA. ANASTÁCIA – Num é. O sinhô tá enganado. Tá tudo errado, padre. (Afastando-se. Para si) Infeliz. O homem num sabe o que diz. Num sabe o que faz. Nem imagina o que o vento traz. (Para Padre Simão) Tem muita coisa de errada. O sinhô num sabe é de nada, padre. De nada.

PADRE SIMÃO (suspira. Acalmando-se, a si próprio) – Bem-aventurados os pobres de espírito. (Para Isabela) Isabela?

ISABELA (ainda encolhida) – Ela me dá medo às vezes. Ela.

PADRE SIMÃO – Anastácia, a velha? (Isabela confirma com a cabeça). A mim também. Mas não se preocupe, não faz nada. É um pouco desajustada. (Quase para si mesmo) Mas não faz mal a ninguém. (Pausa) Isabela, minha filha...

ISABELA (séria) – Sim, padre.

PADRE SIMÃO – Não tem ido à missa ultimamente.

ISABELA (cabisbaixa) – Não, padre.

PADRE SIMÃO – Não é mais crente?

ISABELA (veemente, embora cabisbaixa) – Sim, padre.

PADRE SIMÃO – Mas tem algo de diferente. Perdeu a fé em nosso pai?

ISABELA – Não, padre.

PADRE SIMÃO – Filha... Então o que vai nessa sua mente? Nunca a vi assim tão calada.

ISABELA – Estou um pouco cansada, padre. Minha mãe mandou o senhor aqui?

PADRE SIMÃO – Sua mãe está preocupada, Isabela. E eu também.

ISABELA (fazendo-se de inocente) – Com quem?

PADRE SIMÃO – Quer se confessar?

ISABELA – Sem altar?

PADRE SIMÃO – Sim, agora.

ISABELA (irônica) – Claro, sem demora! Eu confesso que não suporto essas festas da cidade.

PADRE SIMÃO – Isabela... Isso passa. É da idade.

ISABELA – Confesso que minha mãe se preocupa mais com a posição dessas malditas bandeiras penduradas no palanque do que com qualquer outra coisa de mais importante.

PADRE SIMÃO – Filha...

ISABELA – Confesso o meu desejo de ir embora. Mas acho que não vou conseguir, padre. (Choraminga) Não vou... Acho que estou... Tenho esse sentimento estranho. É tamanho... Não posso ir embora. Calafrios percorrem o meu corpo de dentro para fora.

PADRE SIMÃO (compadecido, tenta abraçá-la. Ela não permite) – Isabela... Qual o problema, filha?

ISABELA – Padre, eu... Não posso dizer. Não agora. Mas acho que preciso de ajuda. Nada nunca muda.

Prometa que vai ficar do meu lado, padre, prometa? (Delira) Acho que estou enlouquecendo, padre. Acho que estou louca. Tenho esses sonhos. E não são poucos. Sonho mesmo quando estou acordada. Estou tão cansada. Sinto coisas que não podem ser. Você precisa entender. (Chora) Não! Dona Anastácia tem razão. Tem algo de errado com esse lugar. Algo que não se pode falar. Alguma coisa que não podia existir. Padre, tem algo de errado com as pessoas daqui.

PADRE SIMÃO (contrariado) – Isabela... Não tem nada de errado com essa gente.

ISABELA – Tem sim, eu vi. Essa imagem em minha mente. É persistente. Eu sinto.

PADRE SIMÃO – O que você sente?

Música: Borboletas amarelas

Isabela	Padre Simão
Eu sinto as borboletas amarelas	
Vêm chegando	
Eu vejo borboletas amarelas	
Vêm voando	
Um monte delas vêm chegando	
Não sei quando	
Eu vejo borboletas amarelas	
Vêm chegando	Isabela
E só as borboletas amarelas	Não existem borboletas
Vão livrar	Amarelas
Nossa cidade da calamidade	Isabela, não existem

Isabela	Padre Simão
Vêm chegando	Borboletas amarelas
Eu vejo borboletas amarelas	Isabela, não existem borboletas
Tantas delas	Amarelas

ISABELA (voltando subitamente ao normal) – Padre Simão?

PADRE SIMÃO (suspira) – Diga, Isabela. A sua confissão.

ISABELA – Por que colocou na cabeça de mamãe essa história de palanque? Ela julga que arrumar a droga da festa É tudo o que interessa.

PADRE SIMÃO (sério) – Aqui, em São João, cada um de nós tem uma função. A de sua mãe é essa, a arrumação.

ISABELA – E qual é a sua função, Padre Simão?

PADRE SIMÃO (surpreso) – Zelar pelos meus. Cumprir os desejos de Deus. Não sei, filha. Por quê?

ISABELA – Para saber. Ela disse que viu uma vez o povo pagar pelo discurso ruim que o prefeito fez. Verdade?

PADRE SIMÃO (em dúvida) – Isabela, nessa cidade...

ISABELA – Por que não diz a ela? Por que não diz a verdade? (Voraz) Que isso é uma besteira, uma insanidade? Que o senhor se aproveitou dela a vida inteira para fazer as coisas da Igreja?

PADRE SIMÃO (pálido) – Filha, veja... A sua mãe, eu sempre a respeitei. Acima de tudo, acima de qualquer lei. O que eu sei...

ISABELA (revoltadíssima) – Então por que inventou essas histórias?

PADRE SIMÃO (cauteloso) – Não *inventei*. São de memória.
ISABELA – Pois eu não me lembro de nenhuma história!
PADRE SIMÃO – Você não era nascida! São histórias muito antigas.
ISABELA (gritando) – Que histórias antigas são essas, padre? Por que eu não sei de nada? Por que nunca me contam nada? Estou cansada, estou tão cansada de me tratarem assim como uma criança. Não sou mais criança. Não sou! Agora me faça um favor. (Chora) Vocês não entendem. (Novamente delirante) É o vento. Não está a contento. É preciso suprimir o vento, padre. Está vindo para cá, está... A tempestade. (Sussurra) É verdade. Precisa acreditar. (Apavorada) Padre, tenho medo. Tenho tanto medo. Mas ainda é cedo. Ainda dá tempo De lutar contra o vento. Por favor me proteja, por favor não deixe que o mal nos veja.
PADRE SIMÃO (abraça-a sem jeito) – Não precisa ter medo. Estou aqui.

(Entram Dna. Beatriz e Angelina, a primeira trazendo um copo de vinho tinto e a segunda, uma jarra de vidro com o mesmo vinho. Beatriz encaminha-se para Isabela e Padre Simão. Angelina enche de vinho a taça sobre o púlpito, depois retorna à mesa, onde prepara a sangria.)

ISABELA (debatendo-se e soltando-se, voltando a si) – Fale das histórias, padre. Por que dizem que o discurso é sagrado? Por que o senhor nunca me disse o que aconteceu? Qual foi o pecado?

(Dona Beatriz chega e Padre Simão parece constrangido.)

DNA. BEATRIZ – Filha, aqui está. A mãe fez um copo de vinho com açúcar para você tomar. Bebe tudo, vai te deixar mais calma. O vinho faz bem para a alma. (Entrega-lhe o copo. Para Padre Simão) Ela está melhor, padre?

PADRE SIMÃO (sem graça, ainda pálido) – Sim, está melhor, irmã. Teve uma... (Sem saber o que dizer) Melhora. Se me dão licença, já é hora.

(O padre afasta-se. Dna. Beatriz ajeita o vestido e os cabelos de Isabela, ligeiramente desgrenhados. Isabela mantém o olhar fixo no padre. Este, por sua vez, ainda profundamente incomodado pelo estado da menina, dá ordens gerais no centro do palco, como se regesse uma orquestra.)

PADRE SIMÃO – Abelardo, tudo pronto? Irmã Dirce? Irmã Beatriz, a arrumação?

DNA. BEATRIZ (agitada, dando pulinhos para lá e para cá, nos últimos retoques) – Pronta para o sermão!

PADRE SIMÃO – Angelina, a bebida?

ANGELINA – Está servida!

PADRE SIMÃO (para José) – José, Antônio está pronto? Já está atento?

JOSÉ – Está, sim, senhor. Faz algum tempo. Está esperando com o filho e a mulher.

PADRE SIMÃO (apressado) – Então vá chamá-los, que a hora requer. Anda, homem!

(José sai de cena de maneira estapafúrdia. Angelina distribui copos de sangria. Dna. Beatriz e Isabela descem do palanque e se postam à direita do palco. Dna. Beatriz ainda dá uma última olhada para o palanque, sentindo-se satisfeita com seu trabalho; Isabela traz consigo o copo ainda repleto de vinho. Padre Simão respira fundo, olha em volta. Solene e lentamente, sobe os degraus do palanque, vira-se para o público, limpa a garganta. Todos param e fixam suas atenções no padre.)

Música: Discurso de Padre Simão

Padre Simão	Coro
Meus irmãos	*Kyrie, eleison*
É com grande lembrança	
Que hoje festejamos	*Christe, eleison*
São João da Boa Esperança	
Mais um ano de nosso percurso	*Kyrie, eleison*
Que celebraremos com um lindo discurso	
Pois que se faça breve	*Christe, eleison*
Nosso novo prefeito	
Antônio das Neves	

(Entra Antônio das Neves, sorrindo e acenando. Ele apresenta grande carisma. Arleu vem logo atrás. O rapaz fixa os olhos em Isabela assim que a vê; a menina, envergonhada, sorri para ele. Dna. Anastácia percebe o sorriso e lhe dá um safanão discreto, enquanto mantém os olhos fixos em Antônio das Neves. Padre Simão desce as escadas e vem ao encontro do prefeito.)

PADRE SIMÃO (cochichando) – O primeiro é sempre difícil. Mas não se preocupe, vai dar tudo certo.
ANTÔNIO DAS NEVES – Decerto que vai.
PADRE SIMÃO (irônico) – Ah, meu irmão. Meu irmãozinho, prefeito! Como papai.. (Ri) Quem diria? É o que papai sempre quis. Um de nós algum dia seria prefeito. Ele estaria feliz. Não?

(Antônio sorri e sobe as escadas do palanque. Vira-se para o público. Antônio parece nervoso; Padre Simão encoraja-o. Dna. Beatriz preocupa-se. Antônio respira fundo, limpa a garganta.)

Música: Discurso do prefeito

Antônio das Neves	Coro
Meus vizinhos, meus amigos	
Povo de São João da Boa Esperança	
Aqui estamos reunidos	
Com humildade e perseverança	
(Um longo trovão interrompe o discurso. A atenção do povo começa a se dispersar)	
Mais uma vez festejando esse dia	

Antônio das Neves	Coro
De lembrança e alegria	
O dia do anivers...	
(Novo trovão, dessa vez curto, porém acompanhado de um raio e ruído de chuva. O povo grita, tentando se esconder da chuva. Parte das luzes se apagam, deixando-se vislumbrar sobre o palco apenas os vultos das personagens, que entram em pânico.)	
	(Falam)
	A luz! A luz acabou!
	É castigo divino, foi Deus que mandou!
Neste dia, glorioso e feliz	
Tenho a satisfação	
De dizer que eu fiz	
Como opção...	
(Subitamente, entra em cena, pelo lado esquerdo do palco, um novo e estranho personagem. O vulto é de um Mendigo, enrolado em roupas muito maiores do que seu tamanho. Ele atravessa o palco vagarosamente, carregando nos braços uma caixa. Todos param para observá-lo.)	
Neste dia, tenho a grande alegria	*Kyrie, eleison*

Antônio das Neves	Coro
De anunciar, meus amigos queridos	*Christe, eleison*
Que a pedido da maioria...	

(Com aparência velha e muito cansada, o Mendigo senta-se no banco da praça. No mesmo instante, Isabela desmaia, derrubando o copo que segurava, o qual ruidosamente se quebra. O vinho do copo mancha o vestido de Isabela e deixa uma poça vermelha no chão. Dona Beatriz grita. Cria-se um alvoroço; alguns gritam, outros saem correndo; todos falam ao mesmo tempo. Arleu corre para acudir Isabela. Antônio das Neves, vendo o tumulto, desce as escadas apressadamente para socorrer Dna. Beatriz, histérica, mas tropeça em um dos degraus e vai ao chão. Padre Simão ajuda-o a se levantar. As personagens vão saindo todas de cena; algumas fugindo da chuva, José e Angelina levando embora a pequena mesa retangular com os copos e a sangria; Antônio apoiando-se em Padre Simão, Arleu carregando Isabela nos braços e tentando acalmar Dna. Beatriz. Apenas o Mendigo permanece sentado sobre o banco da praça, sozinho, agarrado à caixa que trouxera consigo, sob a chuva, na semipenumbra. Pouco depois, José entra em cena timidamente e vai até o Mendigo.)

JOSÉ – Seu moço?

Música: Eu nunca vi

José
Escuta, eu nunca vi
O senhor antes nessas terras daqui
Mas é um atento que um filho de Deus
Durma ao relento aos olhos seus
Eu moro logo ali
Não temos nada, mas você pode dormir
Só lhe ofereço um pedaço de pão
E em troca não lhe peço nada, não

(O Mendigo hesita. Por fim, levanta-se e segue José, ainda agarrado à caixa e andando com dificuldade. Ambos saem de cena pelo lado esquerdo. Simultaneamente, Dna. Anastácia entra pelo lado direito, curvada, desconfiada. Sozinha, ela anda até o banco da praça. Cheira.)

DNA. ANASTÁCIA (feroz, sussurra ritmada e rapidamente)
– Isso não é gente, é mais alma penada! Mais torto é o caminho que vem dessa estrada! Mais triste é de vê a vida toda acabada! Porquê da mia gente num vai sobrar nada. Isso num é gente, é mais alma penada! Isso é só o comecinho, ainda tem muita estrada... Pobre é da gente, num vai sobrar nada... Nada!

Música: O mundo é uma pedra

Dna. Anastácia
Mundo é uma pedra
É uma bola de terra
Mundo imundo, fundo, tudo
Limbo, nimbo
Lindo fim do findo fim

2.º Ato

(Para o cenário desse ato, pode ser utilizada a mesma estrutura do 1.º Ato, cobrindo-se o banco e trocando-se os acessórios de cena. Ao fundo, sobre o palanque, faz-se o quarto de Isabela, que no momento permanece escuro. À frente, a sala da casa de José e Angelina; baldes espalhados pelo chão, sob as diversas goteiras; a luz é fraca, amarelada. Ao centro, há um sofá velho e rasgado. José entra pelo lado esquerdo, sozinho, com cautela, procurando Angelina. Não a vê.)

Música: Pode entrar

José	Angelina
(Chama) Angelina!	
(Não há resposta. Chama novamente)	
Angelina!	
(Para a coxia)	
Vem, é aqui	
Pode entrar, seu homem	
Vem, pode vir	
(Entra o Mendigo, carregando a caixa)	

José	Angelina
Qual é mesmo o seu nome	
Não quer tirar	
O sobretudo, está molhado	
Melhor lavar	
O senhor fique à vontade	
(O Mendigo entrega-lhe seu sobretudo)	
Pode se sentar	
Alguém da sua idade	
Precisa descansar	
(O Mendigo senta-se no sofá, tímido)	
Aguarde um instante	
Já volto já	
(Sai de cena, levando o sobretudo)	
	(Entra em cena, distraída. Arruma um balde no fundo do palco, resmunga qualquer coisa sobre a chuva. Vira-se para a plateia e, de súbito, vê o Mendigo.)
	Ai, um homem!
	Socorro, aquele homem!
	Aquele homem da praça!
(Entra correndo)	
Sim, é o homem da praça.	
É nosso convidado.	
	(Sem entender)
	Convidado?
	Quem convidaria?
Fui eu, Angelina.	

José	Angelina
Deu pena, eu convidei. É só mais um coitado...	

ANGELINA – Como coitado, José? Como assim? Pobre é de mim, coitada! Desde quando você pega mendigo que dorme na estrada e traz para casa, homem?

JOSÉ – Mas, Angelina... Está ensopado. Peguei o sobretudo, deixei lá fora.

ANGELINA (incrédula)– E eu vou ter que lavar roupa desse aí, agora?

JOSÉ –Angelina, o que é que tem? É só uma noite... Amanhã ele vai embora, meu bem.

ANGELINA (irritada) – Só uma noite! Tudo é *só uma noite*, é tudo o que você sabe dizer. Devia era de ter casado com você por *só uma noite* também.

JOSÉ (quase divertido) – Angelina... Eu amo você!

ANGELINA (brava, mas ainda contida) Você não tem é vergonha na cara! Seu desavergonhado, sem-vergonha! Desgraçado! (Estourando) Antes eram os cachorros da rua que você trazia para casa para cuidar, José. E eu já achava um abuso, tirar comida da nossa boca para dar para cachorro de rua. Mas agora... Agora você traz as *pessoas* da rua também? Onde a gente vai parar, meu Deus? (Resmunga) Só uma noite. Sonha. (Consigo) Eu é que num vou ficar sustentando marmanjo.

JOSÉ – Ai, Angelina. A gente faz um arranjo. Coloca mais água na sopa, que água tem de sobra.

ANGELINA – Tem de sobra nas goteiras, porque na tor-

neira não tem! Desgraçado! Quando você vai consertar esse telhado, hein? (Pausa) Espia o mendigo, subitamente amedrontada) José? E se for um homem perigoso? Um procurado da justiça, um foragido?
JOSÉ (calmo) – Num é. É só um coitado, um esquecido.
ANGELINA – E aquela coisa que ele fica carregando, encaixotada? Me dá até arrepio!
JOSÉ – Mais parece vazio. Deve de ser só uns trapos imundos.
ANGELINA (aproximando-se do Mendigo receosa, aponta para o fundo do palco) – O... O senhor não quer deixar suas coisa lá no fundo? (O Mendigo parece ter medo de Angelina. Agarra-se ainda mais à caixa. Angelina sente o forte cheiro). Acho que o senhor devia era de tomar um banho. (Disfarça) Digo, um banho quente, porque tá todo molhado. Pode vir. É aqui do lado.

(O Mendigo, tímido e ainda carregando sua caixa, segue Angelina em silêncio. Ambos saem de cena. Luzes gradualmente apagam-se na frente da cena e acendem-se no fundo dela. Ao mesmo tempo, entra Arleu no quarto de Isabela, carregando-a nos braços.)

ISABELA – Me põe no chão. Eu vou andando.
ARLEU – É claro que não. Já estamos chegando. (Arleu delicadamente coloca Isabela sentada sobre sua cama.)
ISABELA (encabulada) – Obrigada.
ARLEU (acariciando-lhe o rosto) – Obrigada, nada. Quero alguma coisa em pagamento.

ISABELA (sorri) – Não tenho nada, lamento.

ARLEU – Quero um beijo seu.

ISABELA – Arleu!

ARLEU (Roçando seu rosto no dela, sentindo-lhe a face) Não consigo esquecer, Isabela. Não posso. Aquele momento só nosso. (Quase beijando-a, canta). Fica comigo...

ISABELA – Não dá.

ARLEU – Deixe eu lhe tocar.

ISABELA – Fala baixo, mamãe vai escutar.

ARLEU – Não vai. Sua mãe está ocupada Com meu pai.

ISABELA – A hora é errada. Não quero que eles nos vejam.

ARLEU (contrariado, suspira) – Que seja. (Põe-se de pé, firme) Meia-noite, no mesmo lugar. (Arleu vira-se para sair.)

ISABELA – Arleu, espera. Precisamos conversar.

ARLEU – (sorri, canta) Foge comigo...

ISABELA – Você nunca ouve o que eu tenho para falar. Escuta, querido.

ARLEU (canta irresistivelmente) – Foge comigo...

ISABELA – Não posso! Não é por aquilo que vamos fazer. O sonho era nosso Mas não pode ser. Se fosse ainda cedo. Seria sensato. Mas não é o que eu sinto de fato.

ARLEU (tenso) – Por que fala assim? Não me ama?

ISABELA – É claro que sim. (encolhe-se, como se sentisse dor) Mas trago uma chama que cresce em mim. Tenho tanto medo. Tenho um segredo que pode ser o fim.

ARLEU (preocupado) – Isabela... Você está falando de

novo daquele jeito. Vou deixá-la em seu leito. Descanse. Você precisa descansar.

ISABELA (sussurra) – A tempestade. A tempestade virá.

ARLEU – A tempestade já passou. Não vai além!

ISABELA – A tempestade mal começou. Não vai perdoar ninguém.

ARLEU – Isabela, está tudo bem. Não precisa ter medo, estarei aqui sempre.

ISABELA – Não é por mim que temo o presente. Mas por aquilo que trago em meu ventre. (Arleu não se move) Arleu? (Ele permanece parado, fitando-a, alarmado) É uma semente. (Ela abraça o ventre) Um pedacinho seu.

ARLEU – (sério) Meu deus. (Sem palavras) Isabela, eu... (Entra Dna. Beatriz. Arleu dá um pulo para traz quando a ouve.)

DNA. BEATRIZ – Menino, você ainda aqui? Seu pai está preocupado, que a hora já é morta. Vamos, ele está esperando.

ARLEU (ainda assustado, sem saber como reagir) – A senhora tem razão, é hora de ir andando.

DNA. BEATRIZ – Acompanho você até a porta.

(Arleu sai rapidamente de cena, como se fugisse do quarto de Isabela sem olhar para trás. Dna. Beatriz segue-o. Isabela permanece sentada sobre a cama, curvada, abraçada a sim mesma, cantarolando baixo a melodia de "Borboletas amarelas" como se fosse uma canção de ninar. Chora. Luzes abaixam-se no fundo do palco e acendem-se na frente. Entra Angelina, com três tigelas de sopa em uma bandeja. Coloca uma das tigelas nas mãos de José.)

ANGELINA – Puxa, que o homem não larga aquela caixa nem para tomar banho.
JOSÉ – Estranho!
ANGELINA – Pus mais água na comida.
JOSÉ (bebendo de sua tigela) – Boa medida.

(Entra o Mendigo. Ele está limpo e trocado. Traz a caixa consigo. Parece melhor e mais confortável na casa. Sorri ao ver José.)

JOSÉ – Ô, seu moço, já? Ah, melhorou o seu estado. (O Mendigo sorri e senta-se ao sofá). Pode deixar as suas coisas aí de lado. Ninguém vai pegar.

(O Mendigo olha desconfiado para José e coloca, ainda que com pesar, a caixa no chão, ao lado do sofá. Angelina estende ao Mendigo sua tigela de sopa. Ele bebe rapidamente, limpando o fundo do recipiente com os dedos e a língua.)

ANGELINA (para o Mendigo, constrangida) – O senhor veio de onde?

(Não há resposta. O Mendigo deixa sua tigela de lado, pega a caixa do chão, enfia a mão bruscamente em seu interior. José e Angelina, assustados, largam suas tigelas, afastam-se e se abraçam, como se o Mendigo fosse tirar da caixa uma arma. O Mendigo retira, lentamente, um velho bloco de papel e uma caneta de ponta grossa. Exibe os objetos a José e Angelina, ainda assustados. Escreve em letras garrafais e mostra aos dois, de maneira que a plateia também possa ler: "LONGE".)

ANGELINA (ainda assustada) – LON-GE.
JOSÉ (também amedrontado, porém protegendo Angelina) – É, isso deu para perceber. Pela sua fome. E qual é mesmo o seu nome?

(O Mendigo escreve: "MITO".)

ANGELINA (lê e esconde-se atrás de José) – MI-TO.
JOSÉ (para Angelina, com estranhamento)– É isso o que está escrito?
ANGELINA (para José) – Que nome esquisito.
JOSÉ (receoso) – Senhor Mito, o que mais o senhor traz aí? Se é que a gente pode perguntar.

(O Mendigo parece alarmado. Reluta em escrever. Angelina encolhe-se de medo.)

JOSÉ – O senhor não vai nos machucar?

(O Mendigo, cansado, acena a cabeça em sinal negativo).

JOSÉ – Era de se esperar. Viu, Angelina? Um homem honesto.
ANGELINA – Como sabe? Ele nem fala.

JOSÉ – Por isso mesmo. Honesto é o homem que se cala.
ANGELINA (desconfiada) – Mas o que tem ali dentro, então?

(O mendigo olha para José, como buscando um voto de confiança. Finalmente, escreve: "RAZÃO".)

ANGELINA – RA-ZÃO. (Sem entender) Como é?
JOSÉ (Sem entender) – O senhor está dizendo que traz aí dentro uma razão?

(O Mendigo coloca o artigo na frente da palavra e o sublinha, enfatizando: "A RAZÃO".)

ANGELINA – Meu Deus, José. O homem é louco!
JOSÉ (curioso) – Posso ver? A razão?

(O Mendigo parece ainda mais alarmado. Escreve: "NÃO". Larga o bloco de notas no chão, pega a caixa, abraça-a, como se a quisesse proteger. Angelina, murmurando frases como "Ai, meu Deus", levanta-se e recolhe as tigelas. José permanece sentado, olhando para o Mendigo com curiosidade insaciável, quase infantil. Angelina puxa-lhe o braço.)

ANGELINA – Vamos, José, que amanhã acordamos antes de o sol raiar. Deixa o Mito descansar.
JOSÉ – Mas Angelina...
ANGELINA (para o Mendigo) – O senhor fique à vontade, seu Mito. Durma bem, que amanhã vai fazer dia bonito.

(Angelina sai de cena, puxando José – que resmunga – pelo braço. Luzes ligeiramente mais baixas na frente, e penumbra no fundo, de forma que se veja Isabela, que permanece sentada sobre a cama, encolhida. O Mendigo lentamente coloca a caixa que segurava de lado, deita-se no sofá e pega no sono. Pausa. Música de suspense. Entra José, de pijama, na ponta dos pés. Olha ao redor, observa o sofá, identifica o Mendigo que dorme ruidosamente e a caixa à sua frente, no chão. Anda até a caixa. Observa novamente o Mendigo, cauteloso. Abre a caixa evitando barulho. Dentro, há um embrulho. José pega o pacote e o desembrulha com cuidado. Finalmente, encontra, para sua decepção, uma pedra. A pedra é invisível aos espectadores e seu peso e tamanho são variáveis, dependendo da cena e de quem a segura. A pedra pode ser interpretada, segurada, passada e utilizada nas cenas pelos atores de várias maneiras distintas, desde que condizentes com a cena em questão. Nesse momento, nas mãos de José, a pedra adquire o tamanho aproximado de uma bola de vôlei.)

JOSÉ (segurando nas mãos a pedra invisível, que é então muito leve. Decepcionado, para si mesmo) — Mas o que é isso? Uma pedra! O homem deve ser louco mesmo. Coitado.

(O Mendigo subitamente acorda. Parece assustado. Faz sinal negativo com a cabeça repetidamente, aponta para José e para a caixa. José permanece atônito por um instante, com a pedra nas mãos. Simultaneamente, Isabela levanta a cabeça e murmura frases incompreensíveis, como se rezasse.)

Música: Vou devolver

José	Isabela
Eu só queria ver	
Desculpe, só uma olhada	
Calma, vou devolver	
Não tem problema, eu sei que é seu	
Não quero ter nada que é de ninguém	
(O Mendigo continua gesticulando loucamente. José ainda segura a pedra invisível.)	(O sono de Isabela torna-se gradualmente mais perturbado.)
Espere, vou devolver	
Como pode pensar que eu pegaria	
O que não é meu?	
Depois de tudo o que fizemos por você	
(Irritando-se, mantém a pedra consigo, agora mais pesada.)	
E quer saber, isso não é mais seu!	
(O Mendigo suspira e se levanta, de maneira ameaçadora. José está quase raivoso.)	(Dorme ainda mais agitada, como se tivesse febre e delírios.)
Qual é o seu problema?	

José	Isabela
É só uma pedra, não tem nada demais	
Tem pedras lá na rua, você pode pegar mais	
E vá dormir lá fora com os animais	
(O Mendigo aproxima-se de José, que agora canta com ódio.)	
Vai, fora daqui!	
Você não é bem-vindo,	
Fora! Saia daqui!	
Saia do meu caminho!	
Embora, vai-se daqui!	
Não volte nunca *mais*	
(O Mendigo tenta brutalmente pegar a pedra invisível. José reage. Há uma briga. José dá uma pedrada na cabeça do Mendigo, que cai desfalecido no meio do palco. José fala.)	(Com um grito, Isabela subitamente desperta. Em estado de choque, balbucia.)
	Isso num é gente, é mais alma penada
	Isso é só o comecinho, ainda tem muita estrada
	Pobre é da gente, num vai sobrar nada... Nada.
	(Canta)
	Mundo é uma pedra
A mulher tinha razão	É uma bola de terra
Nunca mais vou trazer	Mundo imundo, fundo, tudo
Mendigo para casa, não	Limbo, nimbo

José	Isabela
Lhe dei abrigo e um pedaço de pão	Lindo fim do findo fim
E o que você fez em retribuição?	Eu vejo borboletas amarelas...

(Entra Angelina, de camisola. Isabela permanece parada ao fundo, em choque.)

ANGELINA (assustada) – José? Eu ouvi gritos.
JOSÉ (calmo, olhando para o corpo estendido no chão) – Gritos? Impressão.

(Angelina vai para perto de José e vê o Mendigo estendido no chão. Pausa.)

ANGELINA (em choque) – O que você fez?
JOSÉ – Foi a melhor solução. Ah, Angelina. Esse sentimento de posse, de possessão. (Respira, como se sentisse um aroma adocicado) Desde criança eu não sentia. Sempre tentando ser bom, Como prega o velho Simão. Uma avaria. Sempre tentando ajudar alguém. Mas é essa a verdade, meu bem. Não existe essa tal caridade. Ninguém ajuda ninguém.
ANGELINA – Você matou um homem.
JOSÉ – Eu tenho a razão.
ANGELINA – Meu Deus, tem um morto no meio da minha sala.
JOSÉ – Por que não se cala? A razão está comigo agora.
ANGELINA (aponta para o morto) – Mas o que vamos fazer com *ele* agora? Não podemos deixar ele aí.

JOSÉ (muito calmo) – A razão me diz que seria bom enterrar.

ANGELINA – Sim, mas onde meu Deus? Em que lugar?

JOSÉ – Sei de um lugar bem propício. Me ajude aqui.

(Ambos pegam o corpo: José – ainda segurando a pedra invisível, agora mais leve e menor – pelos ombros, Angelina pelos pés, e saem pelo lado direito do palco, carregando-o. Ao mesmo tempo, Isabela, ainda em choque, encaminha-se lentamente para a saída do lado esquerdo, com passos ritmados, como hipnotizada. Ela canta. Luzes apagam-se gradualmente.)

Música: A tempestade II

Coro (*off*)	Isabela	Dna. Anastácia (*off*)
Vai chegar, vai chegar	A tempestade virá	Mundo é uma pedra
Veja lá	A tempestade virá	É uma bola de terra
	E o que quer que façamos	Mundo imundo, fundo, tudo
	Não vai adiantar	Limbo, nimbo
Vai chegar		Lindo fim do findo fim
	Salvação não há	

3.º Ato

(Mesma praça do 1.º Ato. Noite. O palanque ainda está em pé, embora sua decoração tenha sido desfigurada pela tempestade. Ouve-se o toque do relógio da igreja, seguido de doze badaladas. Enquanto soam as badaladas, Dna. Anastácia entra e cruza o palco da esquerda para a direita.)

DNA. ANASTÁCIA – Levanta, ó vento norte! Vem tu, vento do leste! Desfaz a nossa sorte, descora a cor agreste. Extrai das "mias" criança o som da Boa Esperança. Assopra no jardim o mito que é o fim. Para dentro da redoma, derrama o nosso... (Divertindo-se, pronuncia cada sílaba, saboreando a palavra) Aroma.

Música: Meia-noite, hora proibida (II)

Coro Masculino	Coro Feminino
Meia-Noite, Meia-Noite	Hora Proibida
Meia-Noite, Meia-Noite	
Meia-Noite, Meia-Noite	
Meia-Noite, Meia-Noite	
Meia-Noite, Meia-Noite	

(Dna. Anastácia sai pelo lado direito. Simultaneamente, entra Arleu pelo lado esquerdo e se senta no banco da praça, cabisbaixo, preocupado. Chora. Isabela entra em cena pouco depois, frágil, olhar fixo, ainda em choque. Quando a vê, Arleu levanta-se, disfarça o choro e, sem saber como reagir, abraça-a. Ela não corresponde ao abraço.)

ARLEU (sem saber o que dizer)– Achei que você não vinha.

ISABELA – Não foi escolha minha. O vento me trouxe até aqui.

ARLEU (arruma os cabelos de Isabela, desgrenhados) – Não devia vir.

ISABELA – Vim tentar impedir.

ARLEU – Impedir o quê?

ISABELA – O que está para acontecer.

ARLEU (preocupado) – Isabela, eu... Não sei o que dizer. Eu não podia adivinhar.

ISABELA (segura os lábios de Arleu com os dedos, fazendo-o calar) – Arleu. Não é o momento Nem o lugar.

ARLEU – Precisamos conversar.

ISABELA – É um tormento O que está para chegar. Não sente o vento? Temos que esperar.

ARLEU (dúbio) – Eu preciso falar Do meu sentimento.

ISABELA (fraca, implora) – Não quero ouvir. Por favor, depois. Quando estivermos só nós dois.

ARLEU (segurando-a, para que não caia) – Isabela... O que foi?

ISABELA (chora) – Por favor, não vá embora.

ARLEU (abraça-a) – Não chora.
ISABELA – Tenho medo do que se demora.
ARLEU – Estou aqui com você.
ISABELA – O que vem depois muito mais me apavora.
Do que aquilo que vem agora.
ARLEU – O que você quer dizer?

Música: Declaração

Isabela	Arleu
Arleu...	
O que tenho por fazer é um intento.	
Preciso de você nesse momento.	
Mas quando isso acabar, sem sofrimento	
Não vou te segurar	
Por um rebento	
Que é só meu.	
Ah, meu querido.	
Arleu.	(Confuso, quase ofendido.)
	O que eu sinto por você
	O sentimento
	É difícil de entender
	Nesse momento
Arleu...	O que eu sinto por você...
	(Suspira) O que eu sinto por você
	É maior que eu.
	(Beija-a. Ela se deixa beijar. Sussurra.)

Isabela	Arleu
Arleu!	Foge comigo...
Não assim.	Foge comigo...
(Fala) Qualquer que cair sobre aquela pedra ficará em pedaços, e aquele sobre quem ela cair será feito em pó. Eu vejo as borboletas amarelas, vêm chegando vejo borboletas amarelas...	
	Isa...
As borboletas vêm depois da brisa.	

(Isabela quase desmaia; Arleu pega-a nos braços. José e Angelina entram em cena, carregando o corpo do Mendigo. José traz também a pedra invisível e Angelina, uma pá. Arleu percebe a chegada do casal; leva Isabela para detrás do palanque, onde se escondem e espiam. José larga o corpo do Mendigo no chão, no centro do palco.)

JOSÉ – Angelina, cadê a pá, mulher?
ANGELINA – José, você não está pensando em deixar...
JOSÉ – Aqui está ótimo, pode cavar.
ANGELINA – José... No meio da praça? O que deu em você?
JOSÉ – Acho que seria bom terminarmos antes de

amanhecer. A luz é inimiga dos que se escondem. (Irônico, aponta o cadáver) Especialmente dos que se escondem embaixo da terra. (Para Angelina, sério) Cave!

ANGELINA – Espera. (Subitamente transtornada) Não posso.

JOSÉ – Entrave nosso. É claro que pode, mulher. Querer é poder. Se você não pode, é porque não quer. (Irônico) Não quer acatar a uma ordem de seu marido?

ANGELINA – José, eu...

JOSÉ (sorrindo, com ira contida) – Dê cá a pá, querida.

ANGELINA – Mas não é certo.

Música: Certo e errado

José	Angelina
É determinado, Angelina	
Não há certo e errado, Angelina	
O errado é o certo, é uma outra forma de estar certo.	
(Fala) Mas	
Como o certo é incerto, Angelina	
Não está errado dizer que	
Não existe o certo,	
Não quer dizer que esteja errado,	
Só quer dizer que é equivocado.	

José	Angelina
Não existe o certo nem o errado.	
(Fala) Deu para entender?	
	Quem disse isso a você?
Angelina, a razão, claro está	
Agora dê cá esta pá	
(A pedra em suas mãos fica mais pesada)	Não dá
(Fala) Não grite, Angelina!	
Os vizinhos vão acordar.	
	Pois que acordem!
	Que acordem de vez e vejam o que você fez!
Angelina, você vai	
Se arrepender disso também, veja meu bem...	Pois que acordem!
	José! Não!

(José, sorrindo, vai atrás de Angelina com a pedra em suas mãos, pesada. Angelina, assustada, larga a pá e o corpo do Mendigo no meio da praça e foge para fora da cena. José corre atrás de Angelina. Arleu e Isabela saem de detrás do palanque.)

ARLEU – Nunca vi José desse jeito. O que aconteceu com seu porte?
ISABELA (olhando fixamente para o morto no centro da cena) – A morte. O que era vontade, agora é feito.
ARLEU (olha para onde Isabela se fixa e se depara com o morto. Assustado) – O homem que vimos à tarde. O velho Mendigo.

ISABELA (silenciando-o) – Sem alarde, meu querido. (Lamentando-se) É essa a nossa sorte. O que era direito agora é maldade. O que começou, já não tem mais volta.

ARLEU (puxando Isabela para longe do corpo) – Vamos embora.

ISABELA – Me solta. Não vou. Não posso ir agora.

ARLEU – Não temos o que fazer.

DNA. ANASTÁCIA (entrando sorrateiramente pelo lado direito. Para Arleu) – Cego é aquele que "num" pode "vê".

ISABELA (com susto) – Dna. Anastácia!

DNA. ANASTÁCIA (para Isabela) – Presta atenção. De alguns é maldade, de outros não. Todas pessoa têm dentro a vontade, mas só realiza se toca a razão. Toma cuidado onde põe essas "mão".

ARLEU (atormentado, para Isabela) – Vamos embora daqui! Não temos o que fazer.

ISABELA – Não!

DNA. ANASTÁCIA (para Arleu) – Presta atenção. O que ela traz dentro de si também é de vosmicê. Tem de ajudá a protegê.

ARLEU (implorando. Isabela permanece parada, olhando para Dna. Anastácia) – Isabela...

(Dna. Anastácia sai de cena pelo lado direito. Volta Angelina pelo lado esquerdo, aos gritos, ainda fugindo de José, que a persegue com a Pedra em suas mãos. Arleu puxa Isabela para trás do palanque. Angelina esconde-se com destreza atrás do banco da praça. Entram Antônio das Neves pelo lado esquerdo; Dna. Beatriz e Padre Simão pelo lado direito. Padre Simão segura José e Antônio das Neves retira-lhe das mãos a pedra invisível, que permanece, então, com o prefeito.)

PADRE SIMÃO (ainda segurando José) – Mas o que está acontecendo?

ANGELINA (chora) – Não foi culpa minha, seu padre! O que o senhor está vendo... É maldade pura.

PADRE SIMÃO – Não foi culpa sua *o quê*, Angelina? *O que* não foi culpa sua?

ANGELINA (aponta para o corpo do Mendigo) – Não fui *eu*!

PADRE SIMÃO (em seu assombro, larga José) –Ah, meu Deus!

(José caminha sorrateira e despercebidamente para perto de Antônio das Neves. De súbito, tenta-lhe tirar a pedra invisível das mãos. Há uma briga. Padre Simão tenta separá-los, José agarra-lhe pelo pescoço. Antônio das Neves, sem pensar, dá uma pedrada na cabeça de José, que cai desfalecido. As mulheres gritam – especialmente Angelina. Padre Simão, transtornado, arruma sua batina. O prefeito, com a pedra nas mãos, permanece impassível, como se nada tivesse acontecido.)

ANGELINA (ajoelha-se e segura o corpo de José. Chorando, inconsolável) – José! O que fizeram com o meu José? Tão honesto. Não se pode... (Padre Simão levanta-a.)

PADRE SIMÃO – Assim é. Funesta desordem. (Angelina chora. Padre Simão aponta o Mendigo) Angelina, o que aconteceu com aquele homem? Meu Deus.

ANTÔNIO DAS NEVES – Aparentemente não faz diferença, o que *aconteceu*. O verbo é passado, o homem que está morto, morto está. Não há o que possamos fazer a não ser enterrar.

DNA. BEATRIZ – Devíamos ao menos instaurar um inquérito. Não?

ANTÔNIO DAS NEVES – Um inquérito? (Sorri) Interessante *eu* não ter pensado nisso de antemão, já que sou, nesse lugar, o homem de posse da razão. Uma pequena anomalia, uma distorção. Pois eis a solução! Como somos uma democracia, a pedido do povo, declaro aberto o inquérito para apuração dos *fatos fatais* que se *factuaram* a este *factótum*.

(Marcha. As personagens dispõem-se como em um tribunal: Antônio das Neves sobre o palanque, Angelina e Padre Simão à direita, Dna. Beatriz à esquerda. Isabela e Arleu assistem, escondidos.)

ANTÔNIO DAS NEVES – Dona Angelina, doravante intitulada a *ré*. (Aponta para o Mendigo) Então a senhora nega, com toda sua fé, ser culpada pelo assassínio daquele sujeito?

ANGELINA (desespera-se) – Não foi culpa minha, seu prefeito!

ANTÔNIO DAS NEVES – Dona Angelina, em conformidade com este pleito, a senhora está presa por crime sem antecedente.

PADRE SIMÃO – Antônio, a moça é inocente. José foi o assassino.

ANTÔNIO DAS NEVES – Um desatino. O homem mais honesto da cidade foi quem cometeu essa atrocidade? Pois reitero que a culpa é de Angelina. E tenho dito.

ANGELINA – Se chamava Mito. Quando José encontrou a razão, matou o velho ancião. Foi necessário.

PADRE SIMÃO (incrédulo) – Arbitrário.

DNA. BEATRIZ (sem compreender) – Que confusão!

ANTÔNIO DAS NEVES (sem compreender) – Mas que razão foi essa?

ANGELINA (Aponta para a pedra invisível nas mãos de Antônio) – Foi essa que está em sua mão.

ANTÔNIO DAS NEVES (pigarreia, disfarçando) – Muito bem, já tenho minha decisão. Dona Angelina, a ré é culpada por má-fé! Sentenciada à morte, com mérito. Próximo inquérito. Quem matou José?

PADRE SIMÃO (duro) – Isto é muito sério. Foi você, Antônio.

ANTÔNIO DAS NEVES – Sim, é claro que fui eu. Mas foi em legítima defesa. Portanto, não se põe na mesa. Precisamos encontrar outro culpado, mesmo que seja forjado. Se não a convivência em sociedade se tornará impossível. Inaceitável. Impraticável. Indescritível. É preciso responsabilizar alguém. Mas quem? (Pausa) Simão, prenda Angelina por este crime também. Para quem já tem um homicídio na ficha criminal, mais um não será de grande além.

padre simão – Antônio, você não pode sair por aí culpando toda a gente!
antônio das neves – É claro que posso. Sou a autoridade competente. A culpa é minha e eu a distribuo da forma como achar coerente. Agora prendam Angelina. É urgente!
padre simão – Antônio, eu nunca o vi agir assim. Não faz sentido!

Música: Prendam Angelina!

Antônio das Neves	Dna. Beatriz	Coro Feminino
Sim!		
Resolvido!		
Prendam Angelina		
Creolina		Prendam Angelina
Vaselina		
Naftalina		
(Angelina é perseguida e encurralada por todos, em uma coreografia frenética e amedrontadora).		
Prendam!	Assassina!	
Prendam Angelina		
Alcalina		Prendam Angelina
Anilina		
Purpurina	Assassina!	
Endorfina		
Alanina		Prendam Angelina
Lamparina		
Aspargina		

Antônio das Neves	Dna. Beatriz	Coro Feminino
Melanina Prendam todos Punam todos Todos!	Assassina!	

(Quando a música termina, Angelina está amarrada ao púlpito. De costas para ela, Antônio das Neves, Padre Simão e Dna. Beatriz decidem o que fazer. Enquanto isso, Isabela e Arleu sobem no palanque pelo lado de trás e desamarram Angelina.)

ANTÔNIO DAS NEVES — Como democracia que somos, digo que devemos votar o destino de Angelina. Que levantem mãos ao ar os que forem a favor. (Enumerando. Nenhum dos presentes levanta a mão, apenas Antônio das Neves) Queimar em vaselina, afogar em isopor.

ISABELA (sussurrando, para Angelina) — É melhor se apressar.

ARLEU (também sussurrando) — Tem um abrigo atrás da colina.

ANTÔNIO DAS NEVES — Tingir em anilina, esquartejar e expor.

(Novamente, ninguém levanta as mãos a não ser o próprio prefeito.)

ANGELINA (soltando-se. Baixo) — Vou embora é para longe.

ANTÔNIO DAS NEVES – Intoxicar em câmara de gás.
ARLEU (triste) – Eu nunca vi meu pai agir assim. É sempre justo, só faz o que é direito.
ANGELINA – Pois não é culpa do seu prefeito. É aquela coisa que ele carrega.
ISABELA – Que coisa...
ARLEU – Que ele carrega?
ANGELINA – Aquela pedra. Deixa as pessoas esquisitas. Isso é que é. Aconteceu com o meu José. (Desce do palanque. Acena) Até a vista!

(Angelina sai de cena. Arleu e Isabela permanecem sobre o palanque.)

ISABELA (olhando fixamente para o prefeito) – Que pedra?
ARLEU (aponta) – Aquela, Isabela, Não está vendo?
DNA. BEATRIZ (Virando-se subitamente para o palanque) – Isabela! O que está fazendo aqui a essa hora? E com esse leva e traz? (Dna. Beatriz sobe no palanque, pega Isabela pelo braço e lhe dá um tabefe no rosto. Histérica) *Nunca mais* faça isso! Está me ouvindo? Nunca mais! Inconsequente!
ANTÔNIO DAS NEVES (impassível) – Iminente.
DNA. BEATRIZ (para Arleu) – E você? O que pensa fazer? Não se meta comigo! (Para Antônio das Neves, apontando Arleu) Seu Antônio, não vai lhe dar um castigo?
ANTÔNIO DAS NEVES – Pertinente. Mas não vou, não. Eu fiz exatamente a mesma coisa quando tinha a idade dele, outrora.

PADRE SIMÃO (engasga) – Antônio, talvez não seja agora a hora de...

ISABELA (instigante, para Antônio) – Fez a mesma coisa o quê?

ANTÔNIO DAS NEVES – Ah, sim, é bom você saber. Quando eu tinha a sua idade, menina...

PADRE SIMÃO (Interrompe de maneira inusitada) – O importante é que ninguém vai machucar Angelina.

(Os presentes finalmente reparam na ausência de Angelina.)

ANTÔNIO DAS NEVES (Surpreso) – É verdade. A razão me diz que ela aproveitou esse momento de trégua inesperada para fugir em disparada. Sentinela. Por isso mesmo, no lugar de Angelina, vamos prender Isabela.

(Dna. Beatriz tem um súbito ataque de asma. Isabela não reage.)

ARLEU (revolto) – Não vamos prender ninguém, pai. Muito menos Isabela, que é minha noiva.

(Dna. Beatriz tem mais um ataque de asma.)

ANTÔNIO DAS NEVES – Que é sua o quê?

ARLEU – Isabela é minha noiva e vamos nos casar hoje ao amanhecer.

(Silêncio. Isabela parece surpresa. Dna. Beatriz faz um esforço enorme para respirar, como se estivesse no vácuo. Embora seu esforço seja extremamente teatral, ninguém a socorre).

ANTÔNIO DAS NEVES (irônico) – É mesmo? E que mal lhe fale... De que pretendem viver?
ARLEU (hesita) – Isso é um detalhe. Depois vamos ver. Primeiro a atitude!
ANTÔNIO DAS NEVES (suspira) – Juventude. (Pausa) Muito bem. Se é o que você quer, Arleu. Problema seu!
DNA. BEATRIZ (recuperando-se subitamente) – O quê? Não pode ser.
ANTÔNIO DAS NEVES (para Dna. Beatriz) – É da idade.
DNA. BEATRIZ (chocada) – Disparidade! Não se pode conceber!
ARLEU – Padre Simão? Pode nos casar ao amanhecer? Isabela e eu?
PADRE SIMÃO – Arleu, eu...
DNA. BEATRIZ (exaltando-se) – Parem já com essa trela! (Para Arleu) Você não vai se casar com a minha Isabela! Fim do dilema.
ARLEU – Mas qual é o problema? Eu a amo!
DNA. BEATRIZ – Insano! Antes de ver *você* casado com minha filha, eu prefiro vê-lo morrer!
ISABELA – Mãe! Isso não é coisa de se querer!
ANTÔNIO DAS NEVES – Dna. Beatriz, não vamos exagerar.
DNA. BEATRIZ – Você não tem o direito de falar.

ANTÔNIO DAS NEVES – Como não? Tenho todo o direito de opinar. Especialmente porque...
DNA. BEATRIZ – NÃO SE DEVE DIZER!
ANTÔNIO DAS NEVES – Eles precisam saber.
DNA. BEATRIZ – NÃO!
ANTÔNIO DAS NEVES – Não vou me calar mais.
DNA. BEATRIZ – Para trás!
ANTÔNIO DAS NEVES – Isabela, sou...
DNA. BEATRIZ – NÃO!

(Dna. Beatriz voa sobre Antônio das Neves, derrubando-o no chão e lhe dando soquinhos no peito, raivosa. O prefeito, sob a mulher, ri divertido e, pouco depois, mantendo a pedra fortemente segura em suas mãos, beija-lhe os lábios. Por uma fração de momento, ela retribui e os dois, deitados no chão, ela sobre ele, rolam e se beijam ardentemente.)

ISABELA (chocada) – Mãe?
ARLEU (enojado) – Pai?
PADRE SIMÃO (decepcionado) – Dona Beatriz!

(Dna. Beatriz subitamente dá conta de si. Interrompe o beijo, dá um tabefe no rosto de Antônio, que sorri. Ela tenta se levantar e, inusitadamente, sem querer, toca a pedra nas mãos de Antônio. Suas mãos não desgrudam mais das dele. Ela se acalma. Ambos se levantam, impassíveis, mãos grudadas na pedra.)

ISABELA (nauseada) – Mãe...

DNA. BEATRIZ (perfeitamente calma, como se nada tivesse acontecido) – Vamos para casa, filha. Deixe o rapaz. Sua benção, padre Simão.

PADRE SIMÃO (completamente transtornado) – Vão em paz. Vão! (Arleu abraça Isabela, protegendo-a. Nenhum dos dois se move.)

DNA. BEATRIZ – Vamos, criança. Vamos embora. Vocês devem deixar de se ver.

ISABELA – Não agora, mãe, não pode ser. Não mais! (Pausa.) Arleu vai ser pai. (Pausa.)

DNA. BEATRIZ (sem nenhum sentimento aparente) – Isso não é racional, Isabela. Você não pode ter um filho de Arleu.

ISABELA – Isso é um problema meu.

DNA. BEATRIZ – Mas não é natural.

ISABELA – Por quê não?

DNA. BEATRIZ – Porque não é normal.

ISABELA – Por quê não?

DNA. BEATRIZ (calma e casual) – Porque ele é seu irmão.

ISABELA (incrédula) – O quê?

DNA. BEATRIZ (muito calma, ainda em tom casual) – Só meio-irmão. Em tese. Já que você é filha de Antônio das Neves.

(Pausa. Silêncio. Todos parecem chocados.)

ISABELA (desespera-se) – Meu pai foi aquele que morreu.

DNA. BEATRIZ (sorrindo) – Infelizmente aquele não era nada seu. Eu já esperava você quando ele apareceu.

Tanta desgraça aconteceu. Breve. No ano em que o prefeito, Seu Julião das Neves não completou o discurso de aniversário da cidade.

ISABELA (confusa) – Esperem. Meu... Avô foi prefeito? Foi quando o sermão foi perdido? (Ainda confusa, incrédula) Não, isso não faz nenhum sentido. Que diferença fez isso na vida dos cidadãos?

PADRE SIMÃO (lamentando-se) – A maldição, Isabela. Foi um tormento. Todas as mulheres de São João engravidaram. Ao mesmo tempo. (Pausa.) Até as solteiras. Como sua mãe. Foi muito feio.

ANTÔNIO DAS NEVES (rindo-se) – Até as solteiras como sua mãe *que se davam aos maridos alheios*! A quem não se deu, nada aconteceu.

ISABELA (chora) – Meu Deus. O que vai ser de mim? (Abraça seu ventre) Arleu. Será que você vai me perdoar algum dia?

ARLEU – Perdoar? (Subitamente feliz, pega Isabela nos braços e dá rodopios) Isabela, eu sabia! Meu amor por você foi sempre tão grande... Só podíamos ter o mesmo sangue! (Beija-a apaixonadamente. Os presentes assistem, paralisados, aturdidos.)

ISABELA (aliviada, embora insegura) – Arleu, eu não sei se pode ser assim!

ARLEU (verdadeiramente feliz) – É claro que sim! Nosso filho será nosso sobrinho. Já viu uma família tão perfeita?

ISABELA (sorri. Para Dna. Beatriz) – Mamãe, a senhora nos aceita?

DNA. BEATRIZ (ponderando, com calma extrema) – Acho que não seria muito conveniente ter um filho de alguém que é seu parente. Independe da crença. A criança pode nascer com alguma doença.

ARLEU – Padre Simão, pode nos casar neste colégio?

PADRE SIMÃO (sussurra) – Meu Deus, é um sacrilégio.

ARLEU – Já é quase dia. Pode nos casar ao amanhecer?

PADRE SIMÃO – Arleu, não pode ser. Deus não permitiria. Não!

DNA. BEATRIZ (para Isabela) – Isabela tem meu consentimento. (Isabela abraça Arleu, feliz. Para Padre Simão) Padre Simão, já que minha filha tem esse intento, poderíamos aproveitar o momento e realizar um duplo casamento.

ANTÔNIO DAS NEVES (curioso) – O que a senhora pretende fazer?

DNA. BEATRIZ – Pretendo me unir a você, claro está. Há mais de vinte anos que queremos nos casar. Só não realizamos por falta de oportunidade.

PADRE SIMÃO (ríspido) – Antônio já é casado perante Deus. Não pode se casar outra vez.

DNA. BEATRIZ – Ele precisa corrigir o erro que fez. Depois resolvemos o que fazer com a outra mulher. Ela é doente, mesmo, deve morrer uma hora qualquer.

ARLEU (subitamente incomodado, larga Isabela) – A outra mulher é *minha mãe*.

DNA. BEATRIZ – Infelizmente.

ARLEU – A senhora é doente!

ISABELA – Arleu!

ANTÔNIO DAS NEVES – Quem lhe disse que é isso o que eu quero?

DNA. BEATRIZ – Assim espero.

ANTÔNIO DAS NEVES – Um engano.

PADRE SIMÃO – Profano!

DNA. BEATRIZ – Esperei por você vinte anos. Não pode outra vez me deixar na mão.

ANTÔNIO DAS NEVES – Talvez... (Sorri, fortemente segurando a pedra em suas mãos) Tem razão. Não lhe causarei outra decepção. (Sobe ao palanque puxando Dna. Beatriz. Pega do púlpito a taça de vinho que restou de seu discurso. Vira-se de costas. Desvira-se. Teatral) Façamos um brinde às nossas novas vidas! Beba, minha querida. (Dna. Beatriz pega a taça.)

ARLEU – Pai... o que está fazendo?

ANTÔNIO DAS NEVES – O que você está vendo. Me caso com esta donzela, você com sua Isabela. Vai ser como quiser. Viverei com sua mãe e com esta outra mulher. Tenho certeza de que podemos todos nos acertar. (Para Dna. Beatriz, persuasivo) Beba. Vamos comemorar.

ARLEU (relutante) – Não posso dizer que estou plenamente contente com o que planeja. Mas aceito seu desejo.

ISABELA (confusa, como se algo estivesse errado) – Arleu...

ANTÔNIO DAS NEVES (sério, para Dna. Beatriz) – Beba!

DNA. BEATRIZ (sorri) – Pois que seja. Ao nosso novo lar! (Dna. Beatriz bebe dois goles do vinho. Arleu sobe ao palanque e arranca-lhe da mão a taça.)

ARLEU – Bebo eu também em comemoração. (Oferecendo a taça) Isabela, à nossa união. (Arleu bebe o resto do vinho. Antônio arranca-lhe das mãos a taça.)
ANTÔNIO DAS NEVES – Arleu, NÃO!
ARLEU – Ainda que Deus não permita, seremos desse mundo a família mais bonita! Isabela será a esposa mais amada e será, ao mesmo tempo, minha cunhada.
PADRE SIMÃO (suspira) – Que Deus tenha piedade de todos nós.
ANTÔNIO DAS NEVES – Nossa sorte está traçada. O destino é atroz.
ARLEU (delira) – É quase dia. Isabela, venha ficar ao meu lado.
ISABELA (assustada) – Arleu, tem algo de errado.

(Dna. Beatriz tem um súbito espasmo e vai ao chão, soltando a pedra, que permanece apenas com Antônio das Neves.)

DNA. BEATRIZ – Dor! Uma dor no peito.
ANTÔNIO DAS NEVES (calmo) – É o tempo que leva para fazer o efeito.
PADRE SIMÃO – Antônio, o que se passa?
ANTÔNIO DAS NEVES (sorri, deixando a taça cair no chão) – Com esta bela taça acabamos de selar nossa desgraça. (Dna. Beatriz suspira pela última vez.)
ISABELA (grita) – Mãe!

(Arleu desce do palanque e segura Isabela, que está aos prantos, protegendo-a.)

ISABELA (histérica) – O que aconteceu com ela?
ANTÔNIO DAS NEVES (Paternal) – Isabela...
PADRE SIMÃO (para Antônio das Neves, com ódio) – O que você fez?
ANTÔNIO DAS NEVES – O que tinha de ser feito. Não posso me casar outra vez, como você bem sabia.
PADRE SIMÃO – Você a matou!
ANTÔNIO DAS NEVES (prático) – Não se preocupe, não sentiu dor.
PADRE SIMÃO (chora) – Uma heresia!
ANTÔNIO DAS NEVES – Ela merecia.
PADRE SIMÃO – Não!
ANTÔNIO DAS NEVES – Vamos, Simão. Era só uma meretriz.
PADRE SIMÃO – Não!

Música: Vejam Beatriz

Antônio das Neves
Vejam Beatriz
A meretriz, a cicatriz
Mulher de giz que só
Desfez tudo o que eu fiz

PADRE SIMÃO (Perdendo qualquer controle) – NÃO!

(Padre Simão súbita e rapidamente pega a pá que se encontra caída no meio do palco, sobe correndo as escadas do palanque e acerta Antônio das Neves com a ferramenta. O prefeito vai ao chão, desfalecido. Isabela grita. Padre Simão recolhe, das mãos de Antônio, a pedra invisível.)

ARLEU (Sem largar Isabela, chora) – Pai!

Música: Paixão de Padre Simão

Padre Simão
(Calmo, olhando para Dna. Beatriz)
Isabela, você vê?
O mundo nunca é o que parece ser.
Tinha razão a velha desgraçada.
Por aqui tem muita coisa errada.
Por exemplo, você
É minha sobrinha e não devia ser
A sua mãe... Era uma donzela.
Olha para ela.
Era para ter sido uma grande mulher
E não uma qualquer.
Eu sempre a respeitei.
E sabe por quê? Isabela...
Porque sempre a amei.
E quando soube o que meu irmão fez...
Eu nunca o perdoei.
Era Antônio, o mais querido
Era Antônio, de meu pai, o preferido.
O mundo nunca é o que deveria.

Padre Simão
Você é a filha que eu não teria
(Condoído.)
Eu sinto muito. Não era para ser desse jeito.
Não era para ser o rapaz a beber da taça do prefeito.
Nem isso
O maldito fez direito!
Era só beber.
Não era Arleu quem merecia morrer.

ISABELA (sem saber o que dizer) – Arleu? Não. Não vai acontecer.

PADRE SIMÃO (sorri) – A sorte está lançada, não há o que fazer.

ISABELA – Não! Arleu, não posso viver sem você.

ARLEU (morrendo) – Isabela, você estava certa. O vento. Não temos mais tempo. O que o vento nos trouxe outrora, agora ele leva embora. Assim é a vida, minha querida. Não chora. Hei de partir sem demora. Guarda teu rosto sereno. Cuida de nosso pequeno.

Música: Fica comigo

Isabela
Fica comigo, meu amor
Fica comigo, por favor
Você não pode

Isabela
Desatar o nosso nó
Me deixar assim
Tão só

PADRE SIMÃO (com a pedra nas mãos) – Isabela, minha criança. Perceba que temos outros assuntos a discutir também de suma importância.

ISABELA (chorosa, segurando Arleu) – Padre, chame ajuda. Não podemos deixá-lo aqui.

PADRE SIMÃO – Muito em breve deixará de existir. Uma pena. De qualquer maneira, encontro-me num dilema. Você vê, filha, o problema?

ISABELA – Arleu, por favor não se deixe vencer.

PADRE SIMÃO – Ser ou não ser.

ISABELA (relutante, desvia o olhar de Arleu e o dirige a Padre Simão) – O que quer dizer?

PADRE SIMÃO – Está em minhas mãos. A razão. Não vê?

ISABELA – Não.

Música: É hora

Padre Simão	Isabela
Estou aqui	
Por desígnio de Deus	
E sinto ter de ir além,	
Mas terei de matar alguém.	
Isabela, você vê?	*Kyrie, eleison*

Padre Simão	Isabela
Não pode mais viver	
Com essa criança que você traz	*Christe, eleison*
É maldição, assim jamais	
Teremos paz	
Isabela, é hora de mor...	
(Padre Simão se prepara para atingir Isabela com a pedra que segura. Arleu, atento, em um esforço final, pega do chão a pá que matara seu pai e usa-a contra Padre Simão, protegendo Isabela pela última vez).	
...rer.	

(Padre Simão larga a pedra que segurava e vai ao chão. Arleu larga a pá.)

ISABELA – Arleu!

ARLEU (fraco, acaricia os cabelos de Isabela) – Descansa. Cuida da nossa criança. (Arleu fecha os olhos sorrindo. Isabela chora, inconsolável. Dna. Anastácia entra em cena trazendo uma caixa de papelão. Ela tateia o chão até encontrar a Pedra da Razão. Embrulha-a em um tecido, coloca-a delicadamente dentro do caixote.)

ISABELA – Dona Anastácia? O que é isso que a senhora procura?

DNA. ANASTÁCIA – É aquilo que "num" tem cura, "fia". Que num tem perdão.

ISABELA – É invisível para mim. Por que todos podem ver e eu não?

DNA. ANASTÁCIA – Porque a razão é assim. Uns pode "vê", outros não.

ISABELA – O que senhora vai fazer com isso? Para onde vai levar?

DNA. ANASTÁCIA – Para longe, "fia". Para qualquer lugar. Até onde essas "perna guentar".

ISABELA – Dona Anastácia...

Música: O mundo é uma falácia

Dna. Anastácia
Esse mundo é uma falácia, "fia".
E quem "num" sabia?
As pessoa "matarum" o Mito, acabou.
E o que foi que sobrou? Essa razão?
(Chacoalha a caixa.)
Então "num" sobrou nada
Essa razão só trouxe é azar.
Veio nas mãos "errada",
As pessoa "num" tão preparada,
Sempre só fez os "homi" se "matá".
Desde o começo.
E a vida dos "outro", isso "num" tem preço.
"Num" tem Deus no mundo que perdoa.
(Cochichando.)
Se é que eles existe,
(Rindo.)
O diabo deve é de "tá" rindo à toa.

(Dna. Anastácia vira-se em direção à coxia esquerda, rindo e carregando a caixa de papelão, pesada.)

ISABELA (acariciando a barriga) – Dona Anastácia, o que eu faço agora? Vou embora? O que vai ser da gente?

DNA. ANASTÁCIA (séria, vira-se para Isabela) – Vai ser o que você quiser, "fia". Você vai pra frente, que pra trás "num" dá.

ISABELA (chorosa) – Não posso continuar. Acho que não consigo. Posso ir com a senhora? Não quero ficar só.

DNA. ANASTÁCIA – Comigo você "num" pode ficar. Segue a sua sina, menina. Você já é "muié". Faz da vida o que quiser. O que for "meió". E o resto... (Cheira ao redor) O resto é resto, vai virar pó.

(Dna. Anastácia deixa o palco lentamente, carregando o seu fardo. Som de ventania. Todos os corpos espalhados pelo chão rolam até saírem de cena, como levados pelo vento. Isabela também é quase levada pelo vento, porém segura-se no banco, no palanque. De súbito, a ventania cessa e uma chuva de pedacinhos de papel amarelo laminado começa a cair. *Música final: Borboletas amarelas [Instrumental]*. Isabela sorri e dança, como se estivesse num sonho. As luzes apagam-se gradualmente.)

Tudo certo para dar errado
ENTRE QUATRO PEDAÇOS

Fernanda Jaber

Pensonagens

Mário
Nãna
Fellipe
Júlio

Mário e Fellipe falam errado. São meninos, mas podem perfeitamente ser interpretados por atores adultos.

1.

(Um lugar aberto e isolado.
Mário, 10 anos, vestido pobremente, entra em cena arrastando uma pesada mochila pela alça com certo esforço. Ele para, larga a mochila e senta-se para descansar. Mário vasculha seus bolsos. Encontra apenas uma embalagem vazia de biscoitos. Ele abre então o zíper da parte menor e mais externa da mochila. Vasculha-a minuciosamente, a comer voraz os pedacinhos de biscoito que encontra. Os pedaços são poucos e logo não há mais nada. Mário fecha o zíper desse compartimento pequeno e espia o interior da parte central e maior da mochila. Ouve passos que se aproximam, vindos de fora. Ele fecha o zíper e, calmamente, olha para a direção de onde vem o som.
Nãna, 35 anos, entra em cena caminhando devagar na direção de Mário. Segura um cigarro por acender entre os dedos. Ela chega a passar por ele, mas para e volta o corpo.)

NÃNA (incomodada) – Nossa!

(Ela olha para Mário, examina ao redor por alguns instantes e se volta novamente para o menino. Sentindo o olhar da mulher sobre ele, Mário defende-se.)

MÁRIO – Não fui eu.
NÃNA – Como você consegue ficar aqui com esse cheiro?

(Enquanto fala, Nãna leva a mão ao nariz algumas vezes, visivelmente incomodada. Ela olha em volta procurando em vão a fonte do mau cheiro.)

NÃNA – De onde será que vem?

(Ela para de procurar a origem do cheiro e olha para Mário, espantada com a falta de reação dele ao odor).

NÃNA – Por que você não vai sentar pra lá?
MÁRIO – Eu não ligo.
NÃNA (com a mão no nariz) – Parece esgoto. Você não devia ficar aqui.
MÁRIO – Eu tô só descansando.
NÃNA – Está muito longe do prédio, muito vazio. Acho que já nem é mais área da escola.
MÁRIO – Eu não sou da escola não, dona.

(Mário olha para o chão. Nãna cheira o ar mais perto dele, como que para verificar se ele é a fonte do odor. Ele instintivamente segura a mochila.)

NÃNA (referindo-se ao mau cheiro) – Nossa!

(Nãna inspeciona Mário com o olhar.)

NÃNA – Vamos sair daqui, eu te pago um refrigerante.

MÁRIO – Não precisa não, dona.
NÃNA – Você não está com sede?

(Mário dá de ombros. Tenta disfarçar seu incômodo com a presença de Nãna sem, contudo, tirar as mãos da mochila.)

NÃNA – Vamos, eu te ajudo a carregar a mochila.

(Nãna move o braço, faz menção de pegar a mochila de Mário.)

MÁRIO (segurando firme a mochila) – Não! (Disfarçando) Eu tô muito cansado, dona. Meu pé tá doendo.

(Pausa. Nãna reflete muito brevemente.)

NÃNA – Tudo bem. (Em um sorriso) Tchau.

(Nãna vira-se para seguir seu caminho. Dá alguns passos, afastando-se. Movido pelo modo genuíno com que a mulher demonstrou interesse por ele, Mário chama por ela.)

MÁRIO – Dona!

(Nãna volta o corpo.)

NÃNA – O quê?
MÁRIO – Você paga mesmo?
NÃNA – Claro. De qual refrigerante você gosta?
MÁRIO – De todos.

(Nãna sorri. Mário sorri porque ela sorriu. Nãna se reaproxima.)

NÃNA – Sabe o que fica bom com refrigerante? Uma coxinha de padaria bem quentinha.
MÁRIO – Vai ver sou eu que tô fedido.
NÃNA – Isso não é fedor de criança.
MÁRIO – Você tem filho?
NÃNA – Não.
MÁRIO – Então como você sabe?
NÃNA – O que tem aí?
MÁRIO – Aí onde?
NÃNA – É um rato morto, não é?
MÁRIO – Não, dona.
NÃNA – É um gato, então?
MÁRIO – Não é não, dona. Eu juro.
NÃNA – Coloca pra lá.

(Mário não responde. Nãna novamente vira o corpo para sair.)

MÁRIO – Espera!

(Mário arrasta a mochila para longe dos dois e volta a sentar-se no mesmo lugar. Nãna senta-se perto de Mário.)

MÁRIO – O seu cigarro tá apagado.
NÃNA – Eu sei. Mesmo que fosse você o fedido, fedor dá pra resolver.
MÁRIO – E quando o fedor é tão fedido que não sai?

NĀNA – Não sai lavando?
MÁRIO – Não.
NĀNA – Nem com sabão?

(Mário nega com a cabeça.)

NĀNA – Nossa, que fedor fedido.

(Mário ri. Pausa.)

NĀNA – Eu desisto, o que você faria?
MÁRIO – Nada. Eu não ligo.
NĀNA – E se as pessoas começassem a se afastar de você porque você está fedido?

(Mário dá de ombros. Pausa. Nāna olha para seu relógio de pulso.)

NĀNA – Você está esperando alguém?

(Mário indica que não com a cabeça.)

NĀNA – Está perdido?
MÁRIO – Acho que não. Por que você não acende?
NĀNA – Eu parei de fumar, nem tenho mais isqueiro.
MÁRIO – E fica segurando?
NĀNA – Me faz companhia.

(Ela olha para ele e sorri. Agora na companhia do menino, ela guarda o cigarro por acender dentro da bolsa.)

MÁRIO – Você tá indo pra onde?

NÃNA – Para o ponto de ônibus, vou trabalhar.

MÁRIO – Você mora perto?

NÃNA – Não, eu estou vindo do hospital, fui visitar uma pessoa.

MÁRIO – E ela tá bem?

NÃNA – Está sim. Acho que ela vai sair de lá logo, logo.

MÁRIO – O que ela tem?

NÃNA – Nada demais, uma besteira.

(Pausa.)

NÃNA – Você gosta de todos mesmo? Até dos *diet*?

MÁRIO (rindo) – Aí não. Tem gosto de remédio.

NÃNA – Como você se chama?

MÁRIO – Mário.

NÃNA – Eu sou a Nãna.

MÁRIO – Que esquisito.

NÃNA – É apelido.

NÃNA – E você? Mora por aqui?

MÁRIO – Não, eu moro longe.

NÃNA – Longe onde?

MÁRIO – Longe, longe.

NÃNA – Falta muito pra chegar aonde você vai?

MÁRIO – Falta um pedaço.

NÃNA – Por que você não vai de ônibus?

MÁRIO – Hoje não dava.

NÃNA – Teve medo que te mandassem descer?

MÁRIO – Tenho medo que tomem de mim.

NÃNA – Imagina, ninguém vai tomar nada de você.

MÁRIO – Vão sim. (Pausa) Não é nenhuma das coisas que você disse.

NÃNA – O que é?

MÁRIO – É um tesouro.

NÃNA – Se é um tesouro você devia deixar bem escondido em algum lugar.

MÁRIO – Eu tô levando pra mostrar pro meu amigo.

NÃNA – Você deve gostar muito desse amigo pra mostrar pra ele.

MÁRIO – Ele é o meu melhor amigo.

NÃNA – Ah, bom. E hoje é sua vez de ir até a casa dele?

MÁRIO – É sempre eu que vou.

NÃNA – Por que vocês não revezam?

MÁRIO – Ah, porque não.

NÃNA – Se é tão longe, não é justo que seja sempre você que vá até lá. Se vocês revezassem, hoje ele iria ver você na sua casa, o tesouro ficaria protegido.

MÁRIO – Você tem melhor amigo?

NÃNA – Tenho.

MÁRIO – E vocês fazem assim, uma hora é vez de um?

NÃNA – O meu melhor amigo é o meu marido.

MÁRIO – Ah, aí é fácil!

NÃNA – Não muito. Ele não está morando na nossa casa.

MÁRIO – Ele foi comprar cigarro?

NÃNA – Não. (Ri amarelo) Ele está resolvendo um problema que ele tem.

MÁRIO – E vocês revezam?

NÃNA – Não, também sou sempre eu quem vai até lá.

(Nãna sorri com tristeza. Mário sorri porque ela está sorrindo para ele. Pausa.)

NÃNA – Eu queria ter um tesouro pra levar pra ele.

(Pequena pausa. Mário tem um momento de identificação com Nãna. Mário arrasta de volta a mochila. Nãna nada faz para impedi-lo. Mário puxa devagar o zíper, entreabre a mochila e a estende na direção de Nãna, que aproxima o rosto. Nãna, ao vislumbrar o conteúdo, assusta-se. Recua, horrorizada. Mário está paralisado, sem ação, muito surpreso com a reação de Nãna.)

NÃNA – Ai, meu Deus!

(A fim de se afastar ainda mais, Nãna levanta-se. De súbito, sente tontura e é forçada a novamente se abaixar. Leva as mãos à boca e ao estômago, com ânsia. Passa mal. Mário recolhe a mochila, fecha o zíper. Ainda sem entender a reação da mulher, faz menção de ir até ela e ajudá-la. Porém Nãna, durante seu mal-estar, prageja contra o menino e seu tesouro. Isso o dissuade. Sentado, ele abraça a mochila com os braços e pés.)

NÃNA (com a cabeça baixa, entre espasmos de garganta e tosses) – Ai, meu Deus! Que coisa horrível! Você é louco! Isso é nojento!

(Emocionalmente, Mário afasta-se cada vez mais da mulher, retornando para sua postura defensiva do começo.

Sentindo-se traído, Mário levanta-se e começa a arrastar a mochila, a fim de ir embora.
Nāna levanta a cabeça. Ao perceber que Mário tenta fugir, ela encontra forças para ficar de pé. Colocando-se no caminho dele, Nāna inquire o menino, muito alterada.)

NĀNA – De quem é?
MÁRIO – É minha.
NĀNA – Como assim? De quem é?
MÁRIO (alto) – É minha!
NĀNA – Meu Deus. É de alguém que você conhece? Da sua família?
MÁRIO (mais alto) – É minha!
NĀNA – A sua está em cima do seu pescoço. Essa não é sua. De quem é essa?
MÁRIO – Eu achei, é minha.
NĀNA – Achou onde?

(Mário não responde.)

NĀNA (mais alto, mais nervosa) – Achou onde?
MÁRIO – No rio.

(Pausa. Nāna tenta articular os pensamentos e decidir o que fazer.)

NĀNA – A gente tem que levar pra polícia.
MÁRIO – Não, é minha!

(Nāna vacila, depois agarra Mário pelo braço, com

força. Determinada, Nãna tenta arrastá-lo junto com a mochila.)

NÃNA – Nós vamos pra polícia.

(Mário está incomodado, porém calmo. Ele usa seu peso como resistência.
Mesmo empregando toda a sua força, Nãna não consegue movê-los. Ela cai pelo esforço e pelo desespero, sem ter conseguido arrastá-los por mais do que um ou dois passos.
Calmamente Mário pega sua mochila e, arrastando-a pesadamente pela alça, começa a se afastar. Ele chega a olhar para trás, um pouco compadecido pelo estado de Nãna. Cogita acalmá-la, mas não o faz. Mário caminha até sair de cena. Nãna permanece no chão, assistindo à saída do menino, soluçando baixinho sua impotência.)

2.

(Meio da tarde, rua residencial. Fellipe, 10 anos, possui um curativo de esparadrapo em seu joelho esquerdo. Sentado no chão, ele brinca distraído com um carrinho motorizado de controle remoto.
Mário entra arrastando a mochila pela alça. As roupas novas de Fellipe contrastam com as de Mário. Após uma leve hesitação, Mário larga a mochila em um canto e dirigir-se até onde está o amigo.)

FELLIPE (ao perceber a presença de Mário) – Porra!

(Fellipe levanta-se. Eles começam uma provocação de meninos, aos risos.)

MÁRIO – Porra o quê, mano!
FELLIPE – Até que enfim.
MÁRIO – Também, essa droga de lugar.
FELLIPE – Que você tá falando, ô!
MÁRIO – Uma merda.
FELLIPE – Merda é o Chiqueirinho.

(Mário senta-se, exausto.)

MÁRIO – É uma merda, mas é perto.

FELLIPE – Perto do quê?

MÁRIO – Sei lá. Do Chiqueirinho.

FELLIPE – É, ô. Tá vendo? O Chiqueirinho é que é uma merda.

MÁRIO – Ah, vai. Você morre de saudade.

FELLIPE – Eu não. Só de você só.

(Fellipe começa a perceber o mau cheiro.)

MÁRIO – A gente devia, assim: uma hora eu venho aqui, outra hora você vai lá.

FELLIPE – Tipo revezar?

MÁRIO – É, isso aí. Devia revezar.

FELLIPE – Porra, que fedor!

MÁRIO – "Fellipe"! Vamos revezar!

FELLIPE – Nem vem.

MÁRIO – Ah, vai.

FELLIPE – Não. Já te falei isso aí.

MÁRIO – Só às vezes.

FELLIPE – Não, mano! Ela não quer que eu vou.

MÁRIO – E você faz tudo o que ela manda?

FELLIPE – Faço nada.

MÁRIO – Faz sim.

FELLIPE – Faço nada. Mas e se eu vou e ela dá por falta?

MÁRIO – Tá com medo de apanhar duma velhinha?

FELLIPE – Que medo, ô! Ela pode ter um troço.

MÁRIO – Só: ela ia pensar que te sequestraram.

(Fellipe estende o controle do carrinho para Mário.)

MÁRIO – Maior otária.
FELLIPE – Para, cara, coitada. Ela tem medo.
MÁRIO – Medo de quê? Você morou lá a vida inteira.
FELLIPE – Ela tem medo que eu vou lá e alguém rouba os meus brinquedos.
MÁRIO – Ah, mano, qual é! Você acha que os mano do nosso teto iam te roubar?
FELLIPE – Não.
MÁRIO – E os irmão Macaia, iam?
FELLIPE – Eu não acho, tá legal? Ela que acha.

(Pausa. Mário tenta em vão fazer com que o carrinho ande.)

MÁRIO – Ela odeia pobre.
FELLIPE – Odeia nada.
MÁRIO – Odeia sim.
FELLIPE – Ela tem medo, não odeia.
MÁRIO – Ela acha que eu vou roubar os seus brinquedos.
FELLIPE – Eu roubava, fácil.
MÁRIO – Tá vendo, essa velha é besta! Escolheu justo você!
FELLIPE – Nossa, esse cheiro tá foda!

(Rapidamente, Mário tenta afastar a atenção do amigo do mau cheiro.)

MÁRIO (mudando de assunto) – Ah, o Papai Noel se pá ia.
FELLIPE – Quê?

MÁRIO – O Papai Noel, ele ia te roubar!
FELLIPE – Só, quando ele acorda virado.
MÁRIO (imitando o velho) – "Vão tomar nos cú, seus merda!"
FELLIPE (imitando o velho) – "Eu vou te foder, seus dorme-sujo do caralho!"

(Eles riem.)

MÁRIO – Os homem levaram ele.
FELLIPE – De novo?

(Eles riem. Fellipe percebe que Mário não sabe controlar o carrinho.)

FELLIPE – Deixa eu te mostrar.

(Fellipe mostra os comandos do brinquedo para Mário.)

FELLIPE – Olha, aperta aqui ele anda. Aqui controla, vai pra frente, pra trás, pros lados.

(O carrinho anda um pouco e para.)

FELLIPE – Não, tem que segurar o botão.

(Mário logo consegue dominar o brinquedo. Fellipe acompanha os movimentos do carrinho com o olhar e com interjeições, mas visivelmente incomodado com o mau cheiro. Mário finge não perceber a inquietação do amigo. Ficam assim por algum tempo, até que Fellipe finalmente se manifesta.)

FELLIPE (referindo-se ao cheiro) – Caralho!

(Fellipe olha em volta. Vê a mochila.)

FELLIPE – Mas e essa mochila aí?
MÁRIO (fingindo não entender) – O quê?
FELLIPE – Essa mochila aí.
MÁRIO – É a minha, não tá vendo?
FELLIPE – Traz pra cá.
MÁRIO – Tá arrebentando de cheia.
FELLIPE – Por quê?
MÁRIO (rindo) – Porque o quê, ô, dorme-sujo do caralho?
FELLIPE – O que tem dentro?
MÁRIO – Ah, é só uma parada que eu achei.

(Fellipe vira-se para ir até a mochila. Mário atropela-o com o carro.)

FELLIPE – Uou!
MÁRIO – Mal aí.

(Fellipe tenta avançar. Mário mantém o carro no caminho de Fellipe.)

FELLIPE – Porra!

(Fellipe avança. Mário coloca-se na frente do amigo.)

FELLIPE – Sai fora, mano!
MÁRIO – Sai fora você!
FELLIPE – Não vai me deixar ver?
MÁRIO – Pera aí, mano. Eu não sei se eu quero te mostrar. Tô pensando.
FELLIPE (rindo) – Tá de frescura, agora?
MÁRIO – Não é isso.
FELLIPE (rindo) – Borboletona!

(Fellipe desvencilha-se de Mário e pega a mochila sorrindo, ainda sem entender a gravidade do assunto para Mário. Mário puxa com força a mochila ainda fechada das mãos do amigo. Eles começam um embate físico.)

FELLIPE – Porra!
MÁRIO – Quer brigar?

(Fellipe tenta pegar a mochila, Mário resiste.)

FELLIPE – Qual é, mano! Larga a mão!
MÁRIO – Para, porra!

(Mário, mais forte, consegue impedir que Fellipe consiga abrir a mochila.)

FELLIPE – Qual o seu problema? Eu divido tudo com você!

(Mário arrasta o objeto para longe do alcance de Fellipe.)

MÁRIO – Não é isso!

(Mário reaproxima-se do amigo.)

MÁRIO – É que você não ia gostar.
FELLIPE – Como você sabe?
MÁRIO – Outro dia eu te mostro.
FELLIPE – Eu sei o que é.
MÁRIO – É o quê?
FELLIPE – É um monte de passarinho que você pedrou e não quer me dar.
MÁRIO – Não é nada disso.
FELLIPE – Tá bom então, mano.
MÁRIO – Se era legal, você acha que eu não ia te mostrar?

(Fellipe afasta-se. Senta-se no chão, emburrado.)

FELLIPE – Egoísta.

(Pausa. Mário controla o carrinho perto de Fellipe, depois para e senta-se ao lado dele.)

MÁRIO – Eu não tô sendo egoísta. Se eu não mostro pra você, que graça tem?

(Pausa.)

MÁRIO – Quer ir pedrar passarinho?
FELLIPE – Não.

MÁRIO – É legal esse carro.
FELLIPE – Legal é paçoquinha, ô. O meu carro é foda!
MÁRIO – O que será que ela vai te dar depois?
FELLIPE – Sei lá.
MÁRIO – Pensa aí.

(Fellipe pensa um pouco.)

FELLIPE – Hum... Deixa eu ver... Ela vai me dar... Um superavião bombardeio que vai perseguir o carro.

(Fellipe imita o avião bombardeio e persegue o carro, que Mário controla. Eles brincam.)

MÁRIO – E depois um míssil! Um míssil enorme pra por no carro, pra derrubar o avião.

(Fellipe começa a fugir do carro, imitando o avião. Eles brincam.)

FELLIPE – E depois um supermonstro mutante "transforme" que vai arregaçar o carro e o míssil.

(Imitando o monstro, Fellipe pisa com força do chão. Um desses movimentos força a perna machucada. Fellipe para subitamente, acometido por uma dor aguda no joelho.)

FELLIPE – Ai, caralho.
MÁRIO – Vai "transforme" viadinho, cansou?

(Mário avança o carro nos pés do amigo, incitando-o a continuar.)

FELLIPE – Tempo mano, tempo.

(Fellipe senta-se no chão. Pausa. Mário para o carrinho e senta-se ao lado de Fellipe.)

MÁRIO – Já passou?
FELLIPE – Tá passando.
MÁRIO – Posso ver?

(Mário tenta tocar no curativo. Fellipe se esquiva.)

FELLIPE – Não, vai sujar.
MÁRIO – Essa velha é uma vaca.
FELLIPE – Para, Mário.
MÁRIO – Vaca. Ela devia te dar os presentes logo de uma vez.
FELLIPE – Vaca nada. É a desculpa dela.
MÁRIO – Pra quê?
FELLIPE – Ela me dá as coisas de dó, Mário.
MÁRIO – E não é?
FELLIPE – Tá foda, hein? Acabei de falar que é.
MÁRIO – E daí?
FELLIPE – Ela tem pena de mim.
MÁRIO – Então, por que ela não te dá de uma vez?
FELLIPE – Preu não saber que ela tem pena de mim.
MÁRIO – Mas você sabe.
FELLIPE – Mas ela acha que eu não sei.

MÁRIO – Hum...
FELLIPE (praguejando contra sua dor) – Puta que o pariu, caralho, bosta.

(Pausa.)

FELLIPE – Acho que vou parar com isso.
MÁRIO – Mas e os brinquedos?
FELLIPE – Agora eu já tenho um monte. Esse machucado tá foda.
MÁRIO – Ignora cara, eu faço isso com a minha dor de dente, passa sozinho.
FELLIPE – Tá doendo cada vez mais.
MÁRIO – Mano, o seu machucado é que nem, que nem... Uma fábrica de brinquedos. Você vai jogar fora? Uma fábrica de brinquedos?
FELLIPE – Não sei ainda.

(Fellipe pega o controle das mãos de Mário, mas não liga o carrinho.)

MÁRIO – Perua escrota do caralho.
FELLIPE – Não fala assim, ela é só velha.
MÁRIO – Foi mau. Mas a culpa é dela.

(Fellipe liga o carrinho. Move-o muito pouco, para frente e para trás repetidas vezes.)

MÁRIO – Larga a mão de ser bicha, é só uma dorzinha. Vai, levanta!

FELLIPE – Porque não é em você. Tá zoado ficar assim.
MÁRIO – Se fosse em mim eu ignorava. Mano, você vai ficar bom logo, vai ver.
FELLIPE – É... Já tá ficando tarde, tenho que voltar pra casa.
MÁRIO – Ah, vai. Só mais um pouco.
FELLIPE – Tenho que ir.
MÁRIO – Nem deu tempo de brincar direito.
FELLIPE – Vem comigo. Você pode dormir lá em casa.

(Fellipe vai até o carrinho e pega-o do chão.)

MÁRIO – É melhor não.
FELLIPE – Vamo, vai!
MÁRIO – Não rola, sério mesmo.
FELLIPE (rindo) – Também, tá fedido pra caralho. Bem mais do que o normal. Tá levando bosta nas costas!
MÁRIO (rindo) – Ah, vai cheiroso!
FELLIPE – Anda, deixa essa parada aí e vamo comigo.
MÁRIO – Não posso.
FELLIPE – Mesmo?
MÁRIO – Desculpa, mano.
FELLIPE – Tá bom, então. Tchau, dorme-sujo.
MÁRIO (rindo) – Falou, borboleta.

(Fellipe sai de cena, levando o brinquedo. Mário fica em pé, como se estivesse observando o amigo que se afasta. Ele acena, depois ri.)

MÁRIO (rindo, olhando para fora do palco) – Vai, vai. Cuidado que o Papai Noel vai te roubar, hein!

(Ele gesticula e faz gracinhas para Fellipe, o qual já não se vê. Após algum tempo Mário para de interagir com o amigo, fica apenas a olhar para fora do palco. Finalmente, como se Fellipe não estivesse mais em seu campo de visão, Mário volta a sua atenção para a mochila e dirige--se até ela.)

3.

(Corredor do hospital, noite. Júlio, 38 anos, está sentado em uma maca posicionada ao longo da parede. Ele tem as costas apoiadas na parede, os braços estendidos ao longo do corpo e as pernas para fora da maca. Ele não veste roupas de hospital.
Júlio alcança um maço de cigarros encoberto pelo travesseiro. Leva um cigarro à boca, pega o isqueiro do bolso. Acende o cigarro. Faz tudo isso de forma natural, sem qualquer dificuldade, apenas utilizando o braço e a mão direitos e mantendo o braço esquerdo estendido ao longo do corpo. Júlio fuma escondendo o cigarro atrás da mão, como um militar em campanha. Expira soltando a fumaça para baixo.
Fellipe entra em cena, andando pelo corredor. Ele veste uma bata verde de amarrar reservada aos pacientes. Seu curativo na perna está bem maior em comparação com a cena anterior e ele caminha com dificuldade. Fellipe para e fica observando Júlio. Júlio tenta ignorá-lo, mas o olhar fixo do menino em muito lhe incomoda.)

JÚLIO – Que foi? Tá perdido?
FELLIPE – Não.

(Pausa. Fellipe senta-se no chão.)

FELLIPE – Você não tem medo de fumar aqui?
JÚLIO – A essa hora não tem problema.
FELLIPE – E os doentes?

(Júlio não se incomoda em responder.)

FELLIPE – Eu passeei por todo esse hospital.
JÚLIO – Eu devia chamar uma enfermeira pra te levar.
FELLIPE – Mas você tá fumando, ô!
JÚLIO – É só por isso que você ainda está aqui.
FELLIPE – Eu achei um lugar que tinha uma vitrine de bebês.

(Pausa.)

FELLIPE – Por que você tá acordado?
JÚLIO – Eu não posso dormir.
FELLIPE – Por quê?
JÚLIO – Porque você tá aqui me amolando.
FELLIPE – Tô nada.

(Pausa.)

FELLIPE – Por que você não pode dormir?
JÚLIO – Se eu dormir eu acordo agitado.
FELLIPE – Você nunca dorme?
JÚLIO – Claro que durmo, uma hora eu durmo.
FELLIPE – E aí?
JÚLIO – O quê?
FELLIPE – Você dorme, e aí?

JÚLIO – E aí, é isso. Eu acordo agitado, os médicos vem e me acalmam.

(Júlio termina o cigarro, apaga-o. Olha em volta cogitando chamar uma enfermeira.)

JÚLIO – Quem será a baranga que tá de plantão hoje...
FELLIPE – A baranga?
JÚLIO – É.
FELLIPE – Mas as enfermeiras são bonitas. Eu vejo sempre na tevê.
JÚLIO – As daqui são umas bruxas, feias e frias. Frias como esse maldito ar condicionado.
FELLIPE – Frias que nem uma puta mal paga!

(Júlio ri, a réplica pegou-o de surpresa. Ele estende a bituca do cigarro para Fellipe.)

JÚLIO – Joga ali naquele lixo pra mim.

(Fellipe joga.)

JÚLIO (para si mesmo) – Como uma puta mal paga...

(Pausa. Fellipe senta-se novamente.)

JÚLIO – Onde você ouviu isso?
FELLIPE – O Papai Noel sempre fala.
JÚLIO – O Papai Noel?

FELLIPE – É um velho que eu conheço. Ele sempre fala que o pé dele é frio que nem uma puta mal paga.
JÚLIO – Parece um homem bem escroto.
FELLIPE – Quando você vai pra casa?
JÚLIO – Não sei.
FELLIPE – Eles também não te deixam ir?
JÚLIO – Eles querem mais é que eu vá.
FELLIPE – E você fica?
JÚLIO – Fico.
FELLIPE – Por que quer?
JÚLIO – É. Eu moro aqui.
FELLIPE – Ah, você é maluco.
JÚLIO – Pode até ser. E aqui eu tenho um monte de médico a minha disposição pra mandar um sossega--maluco na minha veia.
FELLIPE – E em casa?
JÚLIO – Na minha casa não tem um monte de médico, na sua tem?
FELLIPE – Não. (Pausa.) Não tem ninguém na sua casa pra te dar injeção?
JÚLIO – Tem. (Pausa.) Se eu for pra casa é pior.

(Pausa.)

FELLIPE – Eu queria ir. O meu amigo não sabe que eu tô aqui. Se não ele vinha me ver. Você recebe visita?
JÚLIO – Da minha mulher.
FELLIPE – Ela é legal?
JÚLIO – É, mas faz mais de um mês que ela não aparece.
FELLIPE – Pega, isso que você tem?

júlio – Boa pergunta.
fellipe – Era muito bom ficar olhando pra vitrine dos bebês.
júlio – O quê? (Lembrando-se da fala anterior do menino) Ah!
fellipe – É bonito lá, eu gostei.
júlio – O que é que tem de bom num monte de joelho?
fellipe (um pouco irritado) – Você já foi pra lá?
júlio – Não.
fellipe (um pouco irritado) – Então fica quieto, ô.
júlio (ameaçando) – Moleque... Não paga pra ver que eu chamo a enfermeira mais escrota que tiver pra te levar embora daqui no beliscão.

(Pausa.)

júlio – Por que você gostou?
fellipe – Não sei. Você mora aqui e nunca viu?
júlio – Só em filme.
fellipe – É legal.

(Pausa. Fellipe tira de dentro da bata do hospital um prontuário que ele estava escondendo.)

júlio – Cacete moleque, onde você pegou isso?
fellipe – É meu.
júlio – É seu, é?
fellipe – Tava pendurado na porta do meu quarto.
júlio – Deixa eu ver.

(Fellipe entrega o prontuário para Júlio.)

FELLIPE – É verdade. Olha aí. Tem o meu nome na frente.

(Júlio olha para a capa.)

JÚLIO – Fellipe com dois "L", impressionante.

(Após ler o prontuário por algum tempo, Júlio olha para a perna de Fellipe.)

JÚLIO – Você leu isso aqui?
FELLIPE – Li. Mas não entendi nada.
JÚLIO – Estão te dando antibiótico, né?
FELLIPE – Tão me dando um remédio aí.
JÚLIO – Faz quanto tempo que você tá zanzando por aí?
FELLIPE – Sei lá.
JÚLIO – Você precisa estar lá pra tomar isso na hora, é importante.
FELLIPE – Mas eu não tô gripado.
JÚLIO – Ninguém toma antibiótico pra gripe, esse remédio é pra sua perna.

(Pausa.)

JÚLIO – Anda, moleque, volta lá pra sua mãe, que é burra o suficiente pra não ter te visto sair.
FELLIPE – Minha mãe morreu.
JÚLIO – Então volta pro coitado do seu responsável.

FELLIPE – É minha mãe adotiva.
JÚLIO – Que seja. (Pausa.) Não tá meio tarde pra você?
FELLIPE – Não.
JÚLIO – Não o cassete. Aliás, você devia estar é dormindo.
FELLIPE – Ela tá.
JÚLIO – Ela quem?
FELLIPE – Minha mãe adotiva. Ela tá dormindo.
JÚLIO – E daí? Volta pro seu quarto.
FELLIPE – Mas ela ronca muito.
JÚLIO – Anda, moleque!
FELLIPE – Que anda o que, ô, rota do hospital.

(Pausa.)

JÚLIO – Se eu te levar até o seu quarto, você fica lá? Eu li aqui, eu sei onde é.
FELLIPE – Não. Eu não gosto de lá.
JÚLIO – Moleque, vai por mim, se eu tivesse um quarto eu tava nele. O corredor não é um lugar legal.
FELLIPE – Você não tem quarto?
JÚLIO – Claro que não. Por que mais eu estaria aqui largado?
FELLIPE – Eu queria ir pra casa.
JÚLIO – Se você ficar muito tempo no corredor ele vira a sua casa.
FELLIPE – Que nada a ver.
JÚLIO – Quer ficar aqui por quê? Tá com a consciência pesada?
FELLIPE – Sei lá.
JÚLIO – Você tem cara de moleque que faz merda.

FELLIPE – Faço nada.

JÚLIO – Claro que tava fazendo merda.

FELLIPE – Eu não.

JÚLIO – Ficou chutando cachorro na rua.

FELLIPE – Que nada, ô. Eu só ralei, só.

JÚLIO – Dá pra ver que só ralou. Como você é mentiroso!

FELLIPE – É que eu fiquei tirando a casquinha.

JÚLIO – Tá bom, moleque, tá bom.

FELLIPE – É verdade.

JÚLIO – Você acha que eu sou idiota?

FELLIPE – Mas foi isso! (Pausa) O machucado formava uma casquinha, eu arrancava. Formava uma casquinha, eu arrancava. Foi aumentando, aumentando, até que não cresceu mais casquinha nele.

JÚLIO – Isso foi muito imbecil.

FELLIPE – Foi nada!

JÚLIO – Acho que isso foi a coisa mais imbecil que eu já ouvi.

FELLIPE – Foi nada!

JÚLIO – Vai embora pro seu quarto, vai. Eu não converso com gente mentirosa.

(Júlio estende o braço e larga o prontuário, que cai ao lado de Fellipe.)

JÚLIO – Anda, cai fora.

(Pausa.)

FELLIPE – Sabe a fada do dente?
JÚLIO – Sei.
FELLIPE – Que nem a fada do dente tem a fada da casquinha.
JÚLIO – Que coisa bizarra.
FELLIPE – É nada! Ela vem de noite pra trocar as casquinhas dos machucados por presentes.
JÚLIO – Você que inventou isso?
FELLIPE – Eu não, foi minha mãe adotiva que me contou.
JÚLIO – Você não tá meio grande pra acreditar numa merda dessas?
FELLIPE – Eu não acredito, eu só queria os presentes. O machucado formava casquinha e eu rancava pra por debaixo do travesseiro.
JÚLIO – Moleque, você foi burro pacas.
FELLIPE – Eu não fui burro.
JÚLIO – Fodeu com sua perna.
FELLIPE – Fodeu mesmo?
JÚLIO – Não sei. Não sou médico, não posso prever o que vai te acontecer. Cacete, moleque, volta pra porra do seu quarto! Você é o moleque mais burro que eu já vi.
FELLIPE – Sou nada! Eu ganhei um monte de presente.
JÚLIO – E uma internação.

(Fellipe começa a ficar irritado com a provocação.)

FELLIPE – É, com um quarto enorme só pra mim.
JÚLIO – Se eu tivesse um quarto eu tava nele.

(Pausa.)

JÚLIO (rindo, para si mesmo) – Nossa, que imbecil!
FELLIPE (irritado) – Imbecil nada! Eu tenho brinquedo, tenho roupa, tenho um quarto enorme aqui. Ganhei tudo o que eu quis! E daí que tá doendo? Valeu a pena. Não sou um fodido do caralho que nem você, eu não tenho que ficar no corredor!

(Júlio não se ofende e, calmamente, não resiste a uma crueldade.)

JÚLIO – Mesmo assim você está no corredor.

(Pausa.)

JÚLIO – É impressionante uma merda dessas. Um porra de um moleque levando a necrose pra passear e ninguém percebe.

(Fellipe fica em posição fetal, esconde o curativo e as pernas sob a bata do hospital.)

JÚLIO – Monte de imbecis.

(Júlio suspira. Arrependido pelo que disse, tenta uma nova aproximação.)

JÚLIO – Você não precisa ter medo porque tá doendo.
FELLIPE – Eu não tô com medo.

JÚLIO – E não tá doendo?
FELLIPE – Não.
JÚLIO – Sentir dor é normal. Ás vezes, é até melhor, é bom sinal.
FELLIPE – Eu não gosto de doer.
JÚLIO – Também só faltava. Ninguém gosta.
FELLIPE – Doer é uma bosta.
JÚLIO – É melhor do que não sentir nada.
FELLIPE (baixinho, para si mesmo) – É o seu rabo.
JÚLIO – Confia em mim, não tem porque se assustar. Partes fazem isso, elas doem.
FELLIPE – São umas bostas essas partes. Umas bostas. (Pausa.) Mas nem é a dor que dá medo.

(Fellipe fica de cabeça baixa. Pausa. Júlio estica o braço sob o travesseiro para pegar outro cigarro, mas verifica que o maço está vazio.)

JÚLIO – Você sabe o que é um membro fantasma?
FELLIPE – Membro? O pinto?
JÚLIO – Também, mas não. As partes, as pernas, os braços. (Pausa.) As pessoas que perdem um membro, as pessoas especiais...
FELLIPE (interrompendo-o) – As pessoas especiais?
JÚLIO – É. Essas pessoas, que perdem um membro, pessoas especiais, elas continuam sentindo as partes que elas perderam.
FELLIPE – Como?
JÚLIO – Como se elas ainda estivessem ali, fantasmas. É normal.

(Pausa.)

júlio – Você vai sempre ter a sua perna de um jeito ou de outro.
fellipe – Como assim?
júlio – Puta que o pariu, moleque. A gente sente os pedaços mesmo quando eles não estão mais lá.

(Pausa.)

júlio – Por que você não vai pro seu quarto?
fellipe – É difícil.
júlio – Eu sei que é.
fellipe – Sabe nada.
júlio – Sei sim.
fellipe – Sabe nada.

(Júlio suspira.)

júlio – Eu não tenho um membro.

(Fellipe observa Júlio de modo breve e perplexo. Aparentemente não há nenhum membro faltando no homem.)

fellipe – O pinto?
júlio – Não. (Pausa) Eles estão todos aí, mas tem um que eu não sinto, que eu não controlo, que só fica pendurado.
fellipe – Qual?

(Fellipe reflete a respeito do assunto. Pausa.)

FELLIPE – Se você não sente um, não é porque esse pedaço tá aí sobrando?

(Pausa.)

JÚLIO – Nunca ouvi uma merda tão estúpida.

(Júlio levanta da maca.)

JÚLIO – Vai, levanta daí.

(Fellipe não se move.)

JÚLIO – Vem, vamos pro seu quarto.

(Fellipe não se move. Júlio, contendo sua irritação, faz menção de arrastar Fellipe, mas se contém. Em vez disso, dá um murro na maca.)

JÚLIO (falhando em conter sua enorme irritação) – Quer saber, moleque? Não dá pra conversar com você. Você é muito teimoso. Não tem por que você insistir em ficar aqui.

(Júlio dá as costas para Fellipe, a fim de ir embora.)

FELLIPE – Aonde você vai?
JÚLIO – Vou comprar cigarro. Por quê? Mudou de ideia?

FELLIPE – Não. Você vai chamar uma enfermeira pra me levar?
JÚLIO – Pra quê? Pra você escapar do quarto de novo? Eu não vou chamar ninguém, pode ficar sossegado.
FELLIPE – Você disse que ia.
JÚLIO – Eu disse aquilo pra te assustar, pra ver se você parava de me olhar com aquela cara. Você tem que ir porque quer, não porque tem alguém te obrigando.
FELLIPE – Você volta?

(Júlio sai. Sozinho, Fellipe fica mexendo na gaze do machucado.)

4.

(Manhã no mesmo corredor de hospital. Nāna está sentada na maca da cena anterior. Ao seu lado há uma bolsa de lona. Ela brinca com o isqueiro de Júlio. Júlio entra. Ele pega uma camisa de dentro da bolsa de lona. Cheira, sorri. Ele tira a sua camisa e veste a limpa. Senta-se ao lado da mulher e acaricia seu pescoço.)

JÚLIO – Tá esperando faz tempo?
NĀNA – Faz. Sabe, foi até bom, pensei que tivessem te expulsado daqui.
JÚLIO – Eu tava na... Como é que chama? O lugar onde ficam os bebês? Na obstetrícia. Tava lendo umas revistas lá.

(Júlio pega o isqueiro das mãos de Nāna.)

NĀNA – Estava embaixo do travesseiro.
JÚLIO – Eu esqueci. Ando meio distraído, pensando muito.

(Júlio recoloca o isqueiro debaixo do travesseiro. Pausa. O silêncio de Nāna incomoda Júlio.)

JÚLIO – Você sabia que na Turquia as pombas são animais de estimação?

NÃNA – Não. É nisso que você anda pensando muito? É até difícil de imaginar, um bicho tão nojento.

JÚLIO (cínico) – O símbolo da paz, Nãna.

NÃNA – Eles deviam mudar de bicho.

JÚLIO – E por o que no lugar?

NÃNA – Sei lá, um coala.

(Eles riem amarelo.)

JÚLIO – Tava começando a ficar preocupado. Pensei que tivesse te acontecido alguma coisa!

NÃNA – Eu fui demitida.

JÚLIO – Por quê?

NÃNA – Eu faltei uns dias, me deram uma justa causa.

JÚLIO – Mas você não avisou? Não ligou?

NÃNA – Eu não estava bem.

JÚLIO – Se você tava doente demais pra ligar eles tem que entender. Você mora sozinha.

NÃNA (interrompendo-o) – Eu não estava doente.

JÚLIO – Então me conta o que aconteceu.

NÃNA – Isso, Júlio, isso aconteceu.

(Júlio suspira.)

JÚLIO – Que merda, Nãna.

NÃNA – Eu encontrei um menino... (Hesita) Foi horrível! Nossa...

JÚLIO – Fala.

NÃNA – Eu fiquei tão nervosa... Foi horrível!

JÚLIO – Horrível o quê, Nãna?

NÃNA – Nada, não vale a pena. O que importa é que me fez explodir de vez.

(Júlio coloca a mão entre o ombro e o pescoço da mulher e aperta com força algumas vezes, tentando confortá-la.)

JÚLIO – Aquele emprego era uma merda mesmo. Era pouco pra você.
NÃNA – É, é. Eu tenho tantas outras coisas na vida.
JÚLIO – Desculpa. É um pouco culpa minha.
NÃNA – Eu fiquei dias sem nem sair da cama direito.
JÚLIO – Tá tudo bem.

(Júlio arruma os cabelos dela, afastando-os do rosto da mulher. Em seguida, ele segura a mão de Nãna.)

NÃNA – Júlio, para. Júlio, olha pra mim.
JÚLIO (suspira fundo antes de falar) – Eu vou tentar voltar, eu decidi sair daqui.
NÃNA – Decidiu?
JÚLIO – Decidi tentar. É nisso que eu ando pensando muito.
NÃNA – Passou?
JÚLIO – Não, tá igual.
NÃNA – Então assim, do nada, você decidiu?
JÚLIO – Não foi do nada.
NÃNA – Fácil assim?
JÚLIO – Não vai ser fácil assim, mas eu preciso voltar pra casa.
NÃNA – Que bom que você quer voltar pra casa.

JÚLIO – Eu sempre quis estar em casa. Cacete, Nãna, que merda de reação.

NÃNA – Não é como ir até a banca da esquina comprar cigarro.

JÚLIO – Eu não vou te decepcionar.

NÃNA – Eu... (Vacila) Eu vendi a nossa casa.

JÚLIO (pego de surpresa) – O quê?

NÃNA – Eu vendi...

JÚLIO (interrompendo-a) – Você ficou maluca?

NÃNA – Eu cansei de ficar lá sozinha.

JÚLIO (exaltado) – Você não pode...

NÃNA (interrompendo-o) – Fala baixo, vai incomodar os doentes.

JÚLIO (ainda alto) – Você não pode fazer isso!

NÃNA – Você não voltava nunca pra lá.

(Júlio, com raiva, tenta articular um pensamento coerente.)

JÚLIO (quase em um choro) – Como assim... Com que... Com que direito...

NÃNA (interrompendo-o) – Estava no meu nome mesmo! Você age como se não tivesse casa, então pronto.

(Júlio esforça-se muito para conter a sua irritação.)

JÚLIO – Eu trabalhei feito cachorro pra comprar aquele lugar!

NÃNA – Eu também!

JÚLIO – Cacete, Nãna, que é que deu em você?

NĀNA – Isso, Júlio: isso aqui! Está vendo, olha só!
JÚLIO – Que merda, Nāna.

(Pausa.)

JÚLIO – Você... Você... Você fez isso comigo porque eu estou doente.
NĀNA – Não é porque você está doente.
JÚLIO – Você fala de mim, mas você é que é uma puta egoísta.

(Nāna exalta-se.)

NĀNA – Quer saber? Foda-se, Júlio! Foda-se!
JÚLIO – Para de gritar! Você tá um hospital puta merda!
NĀNA – Você não está doente. Não tem nada de errado com você.
JÚLIO – Não tem Nāna, não tem? Você tem, você tem noção do que é acordar gritando... Por... Porque...

(Os dois entrecortam-se e falam quase ao mesmo tempo. Júlio esforça-se para articular seu discurso.)

NĀNA – Fala Júlio, vai!
JÚLIO (continuação) – Porque você não sabe... Porque você pensa que tem um...
NĀNA – Vai, Júlio! Me explica de uma vez!
JÚLIO (continuação) – Um, um... Um outro, ali.
NĀNA – Vai, fala! Explica por que você se enterrou aqui! Vai!

JÚLIO (continuação) – Que não é seu, deve ser de outra pessoa, de alguém, ali, na cama com você, embaixo do seu lençol? Você tem alguma noção de como é acordar sentindo isso e sem saber onde caralhos o seu braço está?

(Pausa.)

JÚLIO – Um homem não deveria precisar dos olhos pra saber onde sua mão está.
NĀNA – Eu vim pedir o divórcio.

(Júlio está fragilizado e fala baixo.)

JÚLIO – Porra, Nāna. Que você quer de mim? Você acha que ficar aqui é bom? Acha? E você sabe há quanto tempo eu estou aqui? Sabe? Eu sei. Eu sei lá se eu sei. Você vem aqui e em um minuto você tira tudo de mim?

(Nāna e Júlio reaproximam-se.)

NĀNA – Desculpa, Júlio.
JÚLIO – Você acha que eu quis essa merda?

(Nāna tenta acariciar a mão direita de Júlio, sobre a qual ele está apoiado. Ele, ao afastar sua mão da dela, perde seu único ponto de apoio e quase cai.)

NĀNA – Eu só cansei de esperar você voltar pra casa,

só isso. Eu não sei nem como é que os médicos te deixaram ficar aqui.

JÚLIO – O que você queria que eu fizesse? Eu estava apavorado, tava apavorando você. Aqui eu me sinto seguro.

NĀNA – Eles não sabem como te ajudar.

JÚLIO – E você sabe?

(Pausa.)

JÚLIO – Eu cheguei a pensar em... em arrancar essa merda fora... pra ficar com o fantasma.

NĀNA – Desculpa!

JÚLIO – Parece que eu pressenti isso, assim que te vi sentada nessa maca.

(Pausa.)

JÚLIO – Eu te amo, Nāna!

NĀNA – É até engraçado. O que você quer que eu faça com isso? Isso é alguma moeda? Isso paga? Paga que eu venha aqui, te chupe, limpe a nossa casa vazia a vida toda? Ou até o dia em que você resolver voltar?

JÚLIO – Eu não falei pra fazer chantagem emocional!

(Pausa.)

JÚLIO – E aquela coisa de você ser responsável por aquilo que cativa?

NĀNA – Se você acreditasse nisso não estava aqui.

JÚLIO – Eu não acredito, quem acredita é você.

NĀNA – Sei lá se eu acredito.

(Pausa. Nāna pega o isqueiro e fica manipulando-o.)

NĀNA – Me perdoa pela casa.

JÚLIO – Tá tudo bem. Não era pros tijolos que eu queria voltar.

NĀNA – Eu vou colocar metade do dinheiro em uma conta pra você.

JÚLIO – Faça o que quiser.

(Pausa.)

JÚLIO – Onde você tá morando agora?

NĀNA (interrompendo-o) – Num hotel. Eu estou num hotel.

JÚLIO – É bom lá?

NĀNA – É. É mais ou menos. (Pausa) É quente e abafado.

JÚLIO – O que você fez com as minhas coisas?

NĀNA – Eu vendi a casa com tudo dentro.

JÚLIO – Até os livros?

NĀNA – Até as escovas de dente.

(Pausa.)

NĀNA – Eu levei umas roupas suas comigo.

JÚLIO – As que você vivia pegando emprestado?

(Júlio vacila, pensa antes de falar.)

JÚLIO – Nãna, presta atenção. Isso é só uma coisa a mais, não uma coisa a menos, que faz falta.

(Nãna desvia o olhar.)

NÃNA – Não parece que você acredita nisso.
JÚLIO – E eu tenho escolha?
NÃNA – Você sempre acha que não tem escolha.
JÚLIO – Você acredita? Acredita que eu saio?
NÃNA – Não sei.
JÚLIO – Você acha que eu posso te deixar sair daqui sem fazer nada? Faz dias que eu decidi que tinha que ir embora.
NÃNA – Por que não foi?
JÚLIO – Eu não sei se... Tava esperando você voltar aqui primeiro.
NÃNA – É bem pior ter algo faltando.
JÚLIO – Você vai mesmo me deixar?
NÃNA – Só estou oficializando o que você fez.
JÚLIO – Eu já disse que vou sair daqui.
NÃNA – Quando?
JÚLIO – Agora.
NÃNA – E nunca mais vai voltar?

(Pausa.)

NÃNA – Eu levei quase todas as suas roupas pra lá. Como se elas fossem um pouquinho de você.

JÚLIO – Não são.

NÃNA – Eu sei que não, mas é como se fosse. (Pausa) Uma parte de você ainda é você?

JÚLIO – Partes não são nada sozinhas.

(Pausa. Os dois estão sentados. Nãna encosta seu rosto no de Júlio.)

JÚLIO – Você se livrou de um emprego e de uma casa. Como é que você se sente?

NÃNA – Desculpa, mas eu não consigo acreditar.

JÚLIO – E eu também não acredito que você vai me deixar.

NÃNA – Você não entendeu, Júlio.

JÚLIO – Entendi sim. Eu só acho que você não consegue levantar daqui e me dar as costas. Tenho certeza que não consegue.

NÃNA – E você?

JÚLIO – Eu não sei. (Pausa.) Acho que também não.

(Pausa.)

NÃNA – Dava tudo por um cigarro.

JÚLIO – Pensei que você tivesse parado de fumar.

NÃNA – Eu tento, porque não me dão escolha. Eu sou hostilizada em todo o lugar que eu vou. Os fumantes são os novos párias da sociedade.

JÚLIO – Bom que eu não preciso fumar para ser um pária.

NÃNA – Não te dão o direito de não querer ser saudável e perfeito.

JÚLIO (cínico) – Os fumantes cheiram mal, Nãna.
NÃNA – O mundo cheira mal.
JÚLIO – O mundo cheira mal da boca.

(Eles sorriem.)

NÃNA – Júlio, vamos dividir um?
JÚLIO – Você não pode fumar aqui, você sabe.
NÃNA – Você fuma aqui dentro o tempo todo.
JÚLIO – De madrugada, quando não tem quase ninguém.
NÃNA – Vamos?
JÚLIO – A gente não vai ter tempo nem de dar duas tragadas.
NÃNA – Isso não importa.
JÚLIO – Vão expulsar a gente daqui.
NÃNA – (sorrindo) Eu sei.

(Júlio entende o que Nãna está propondo e sorri. Como duas crianças fazendo uma travessura, Júlio indica o maço para Nãna, que olha em volta certificando-se de que não há ninguém por perto.)

JÚLIO (rindo) – O que você tá fazendo? A gente não quer ser expulso?
NÃNA – (sorrindo) Pra isso temos que conseguir fumar primeiro.

(Ela pega um cigarro e põe na boca.)

JÚLIO (olhando para fora da cena) – Espera! Espera!

(Ela esconde o cigarro. Eles ficam a olhar para fora de cena. Pausa.)

NĀNA – Agora! Vai!

(Ela recoloca o cigarro na boca. Júlio acende-o para ela. Nāna segura o cigarro para os dois, mudando-o dos lábios de um para os do outro. Dessa forma eles podem se dar as mãos. Ele ri da maneira como ela fuma, soltando a fumaça pra cima, fazendo bico e segurado o cigarro bem na ponta.)

JÚLIO – Adoro esse jeito de menininha crescida que você tem de fumar.

(Nāna beija a mão de Júlio.)

JÚLIO – É melhor jogar para baixo, vai ativar os detectores de fumaça.
NĀNA – Me ver fumar assim não vale um banho?
JÚLIO – Até um bem gelado.
NĀNA – No hotel tem uma banheira.

(Pausa.)

NĀNA – Se você for tirando, for tirando, será que chega uma hora que não sobra nada?
JÚLIO – Como assim? Nas pessoas?
NĀNA – É.
JÚLIO – Não sei.

(Júlio acaricia a mão da mulher.)

JÚLIO – Acho que sempre sobra alguma coisa.

(Os dois permanecem em silêncio, fumando, a espera da expulsão. As luzes apagam-se lentamente.)

5.

(Fellipe e Mário estão sentados. Cada um segura uma muleta, e eles fazem uma espécie de luta com elas. Cansados, eles param com a brincadeira. Pausa.)

MÁRIO – Agora a gente pode ir lá pegar?
FELLIPE – Já te falei isso aí!
MÁRIO – Anda, mano. Só um pouco!
FELLIPE – Não quero.
MÁRIO – Por que não?
FELLIPE – Tô meio enjoado deles.
MÁRIO – Ah, vai!
FELLIPE – Não quero.
MÁRIO – Nem o avião?
FELLIPE – Nem.
MÁRIO – E o carro?
FELLIPE – Não tô a fim, mano!

(Pausa.)

FELLIPE – Quer ouvir um negócio legal?
MÁRIO – Uma piada?
FELLIPE – Não.
MÁRIO – Ah, fala aí.

(Fellipe levanta-se rápido ignorando a certa dificuldade que tem para isso. Percebemos que Fellipe está sem a perna machucada, amputada na altura do joelho. Já de pé, ele pede a outra muleta para Mário, que a estende para o amigo. Fellipe pigarreia e começa uma dancinha.)

FELLIPE (cantando) – Lé com lé, cré com cré,
um sapato num só pé.
Um dia o menino foi correndo pro hospital,
que a sua linda perna estava se sentindo mal.
Lá o medico disse: só tem uma solução:
Cortar logo tudo fora, fazer amputação.

(Ele termina a sua dancinha e agradece. Mário fica em silêncio. Fellipe torna a sentar-se. Mário fica um pouco constrangido.)

MÁRIO – O que é amputação?
FELLIPE – É cortar fora, ué.
MÁRIO – Esse seu colégio de bicha tá fazendo efeito.
FELLIPE – Mas e aí?
MÁRIO – Ah, ficou bom.
FELLIPE – Eu sou especial.
MÁRIO – Também não precisa começar e se achar.
FELLIPE – É sério, eu sou.
MÁRIO – Por quê?
FELLIPE – Porque sim, me disseram lá no hospital.
MÁRIO – Meio gay essa dancinha.
FELLIPE – Você gostou, né ô, bichona!
MÁRIO (afinando a voz) – Meu amor, eu gostei.

FELLIPE – Borboletona.

(Eles riem. Pausa. Um silêncio incômodo.)

MÁRIO – Você não sente saudade?
FELLIPE – Do Chiqueirinho? Eu não, ô!
MÁRIO – Não, mano. Você sabe do que. Não sente?
FELLIPE – Ah, não. (Pausa.) Não muita.

(Um silêncio incômodo.)

FELLIPE – Posso te contar um segredo?
MARIO – Pode.
FELLIPE – Você acredita?
MARIO – Claro.
FELLIPE – Mesmo?
MARIO – Mesmo, mano. Fala!
FELLIPE – Ela sempre vai estar comigo. É uma perna fantasma.
MARIO – Fantasma? Ela vai te pegar de noite?

(Eles riem.)

FELLIPE – Já pensou uma perna vindo de noite, puxando outra perna?

(Eles riem.)

FELLIPE – Fantasma é... são... Quando... ah, esquece, é complicado.

(Pausa.)

MARIO – E agora, você não vai mais ganhar os presentes?
FELLIPE – Como não, mano? Esqueceu que eu sou especial?
MARIO – E daí?
FELLIPE – Daí que eu vou ganhar presente sempre que eu quiser.

(Pausa.)

MARIO – Você já pode correr?
FELLIPE – Não. (pausa) Não muito rápido, mas estou aprendendo.

(Pausa.)

FELLIPE – Quando eu colocar a minha perna robô eu vou correr mais rápido que todo mundo!
MÁRIO – Como assim, robô?
FELLIPE – É importada. É muito cara.
MÁRIO – Porra.
FELLIPE – Veio lá do Japão, eu acho.
MÁRIO – Como ela é?
FELLIPE – Ela é muito foda!
MÁRIO – Mas como é que ela é? Parece com a outra?
FELLIPE – Mais ou menos. O médico tirou um molde no hospital.
MÁRIO – E aí?

FELLIPE – E aí que é uma perna robô, oras.
MÁRIO – É uma superperna?
FELLIPE – Quase.
MÁRIO – O que ela faz?
FELLIPE – Eu não sei direito. Mas ela tem até manual de instrução.
MÁRIO – Nossa, deve ser muito foda.
FELLIPE – Ainda não chegou, se não eu já tava com ela.
MÁRIO – Quando que chega?
FELLIPE – Eu não sei. Vai vir pelo correio.
MÁRIO – Assim que chegar você me chama pra ver?
FELLIPE – Claro, né, ô.

(Pausa.)

FELLIPE – Mas e aquela coisa que você quis mostrar?
MÁRIO – Hã?
FELLIPE – Aquela parada na mochila. Antes de eu ficar doente, lembra?
MÁRIO – Ah! Eu joguei fora...
FELLIPE – Porra, você falou que ia me mostrar depois.
MÁRIO – Foi mal. Agora já foi. Eu enterrei no quintal do Papai Noel.
FELLIPE – O Papai Noel. Ele ainda tá preso?
MÁRIO – Tá.
FELLIPE – Mas por quê?
MÁRIO – Sei lá. O de sempre, eu acho.
FELLIPE – Não! Por que você fez isso.
MÁRIO – Aquilo ia me arrumar confusão.

FELLIPE – Era legal ou não era?

MÁRIO – Eu não sei.

FELLIPE – Tá vendo? Você me mostrava e eu ia dizer se era.

MÁRIO – É.

FELLIPE – Se você não ia me deixar ver, mancada levar.

MÁRIO – Eu ia te mostrar.

FELLIPE – E não mostrou por quê?

MÁRIO – Eu fiquei com medo.

FELLIPE – Medo, mano?

MÁRIO – Do que você ia achar quando eu te mostrava.

FELLIPE – Que nada a ver.

MÁRIO – E se você acha ruim?

FELLIPE – Ah, para! Eu sou seu amigo.

MÁRIO – Você ainda tá bravo que eu não mostrei?

FELLIPE – Não. Foi só na hora.

MÁRIO – Eu queria ter uma coisa legal pra te trazer. Que nem as que você ganha.

FELLIPE – Só conta o que era.

MÁRIO – Esquece isso, mano. Nem chegava perto da sua perna robô.

FELLIPE – Ah, mas aí é covardia.

MÁRIO – Que foda. Você desenha num papel pr'eu ver?

FELLIPE – Quer ir ver as fotos em casa?

MÁRIO – Nossa, você tem?

FELLIPE – Um monte. Como que é... Um catálogo! Enorme.

MÁRIO – Pega lá.

FELLIPE – Vamo comigo.

MÁRIO – Não, pega lá e traz aqui. (Pausa) Tá vai, vamo lá.

(Vão embora devagar, pela frente do palco, passando por entre a plateia, pela saída reservada ao público. Enquanto saem.)

MÁRIO – Mano...
FELLIPE – O quê?
MÁRIO – E a sua perna de verdade?
FELLIPE – O que é que tem?
MÁRIO – O que eles fizeram com ela?
FELLIPE – Ah, a velha fez um enterro pra ela. Com caixãozinho e tudo!
MÁRIO – Deve ter sido engraçado de ver.
FELLIPE – Não foi não, foi bem chato. Pra que fazer aquilo?

(O público fica sozinho. Fim.)